DEMOCRACIA 2.0

ACTUALIZANDO EL SOFTWARE DE LA DEMOCRACIA

ARIEL LARRAÑAGA

DEMOCRACIA 2.0

Actualizando el software de la democracia

Primera edición. Publicación independiente.

A las mujeres que dejaron su huella en cada parte de mi vida:
mi abuela Rosa, mi mamá Marta y mi esposa María.

Si cambias las raíces, cambian los frutos

Índice

INTRODUCCIÓN....................6
Capítulo 1 | Del cable al bolsillo....................12
Capítulo 2 | La célula territorial....................18
Capítulo 3 | Se votan ideas, no personas....................21
Capítulo 4 | Representación local....................28
Capítulo 5 | El presidente....................33
Capítulo 6 | Gobernar sin privilegio....................44
Capítulo 7 | Justicia, ceguera y balanza....................49
Capítulo 8 | Sistema fiscal y monetario....................66
Capítulo 9 | Reforma territorial....................86
Capítulo 10 | Reforma policial....................95
Capítulo 11 | Denuncias digitales....................101
Capítulo 12 | Salud y vejez....................108
Capítulo 13 | Educación....................117
Capítulo 14 | Universidad....................128
Capítulo 15 | Voto como responsabilidad....................137
Capítulo 16 | Migración....................148
Capítulo 17 | Adultez cívica y servicio común....................157
Capítulo 18 | Cambiar el sistema sin revolución....................166

INTRODUCCIÓN

Una democracia donde el ciudadano decide y el poder rinde cuentas.

La regla que ordena todo este manifiesto es simple: quien tiene poder, se expone. Quien enfrenta poder, se protege. El funcionario público muestra todo. El juez es anónimo y queda blindado. El denunciante queda cubierto. El código del sistema queda abierto.

Imagínese un domingo de elecciones. Suena el despertador más temprano de lo habitual, quizá con un poco de pereza. Prepara un café rápido, toma su documento, revisa la mesa y la escuela que le tocó, y sale. En la calle se ven autos con banderas, altavoces repitiendo consignas gastadas, punteros que saludan con sonrisas ensayadas. En la puerta del colegio, una fila larga, gente cansada, algunos resignados, otros todavía con algo de ilusión.

Dentro del cuarto oscuro, un montón de boletas con caras impresas, logos de partidos, frases que prometen «cambio», «futuro», «orden» o «justicia», siempre en mayúsculas. Usted entra, elige una boleta, o arma una mezcla, la pone en un sobre de papel, la introduce en una urna y se va a su casa con el dedo manchado de tinta o con un simple sello que certifica que cumplió.

Ese es, para millones de personas, el acto máximo de su

participación política. Un rito que se repite, casi igual, cada cierto número de años. Un día de movilización total para un sistema que después le pedirá que, durante todo el período siguiente, se quede quieto y mire. La mayoría de los ciudadanos no participa en la elaboración de las leyes, no tiene herramientas reales para controlar cómo votan sus representantes, no decide sobre el endeudamiento del Estado ni sobre la organización del territorio donde vive. El voto se convierte, entonces, en un gesto simbólico, necesario, sí, pero totalmente insuficiente.

Lo más llamativo es que todo esto ocurre en un tiempo en el que la tecnología ha vuelto obsoletas la mayoría de las razones prácticas que justificaban esta forma de hacer política. No vivimos en la era de los carruajes ni del correo a caballo. No necesitamos recorrer kilómetros para llevar un mensaje. Hoy, la misma persona que se levanta para ir a votar en una escuela colapsada quizá pasó la noche anterior enviando mensajes a amigos que viven en otros países, mirando una serie producida en un continente distinto o transfiriendo dinero a través de una aplicación segura. Aceptamos la digitalización extrema para casi todo, menos para aquello que define cómo se organiza el poder y qué se hace en nuestro nombre.

Esta contradicción no es casual. No es que nos hayamos olvidado de modernizar la política por descuido. En realidad, el sistema actual beneficia a quienes pueden moverse mejor en la opacidad y en la complejidad artificial. Las estructuras partidarias, las burocracias y muchas élites políticas se han especializado en administrar un modelo de representación diseñado hace siglos, cuando ni siquiera existía la posibilidad técnica de consultar a la población de manera frecuente, rápida y segura. Hoy esa posibilidad existe, pero el marco institucional no se ha actualizado, porque hacerlo implicaría redistribuir poder, abrir cajas negras y someter decisiones al escrutinio ciudadano permanente.

Yo no vengo de ese mundo. No crecí soñando con ser candidato ni construí mi vida alrededor de campañas electorales. Vengo del mundo de la lógica, de los errores que obligan a pensar distinto. La programación fue, durante muchos años, mi escuela de pensamiento. Cuando uno se sienta frente a una pantalla y escribe código, no hay lugar para excusas retóricas. Si algo está mal, está mal, y punto. No importa cuánto se justifique uno, la computadora no negocia. Esa forma de ver las cosas se me quedó grabada y, con el tiempo, empecé a mirar la política con la misma paciencia obstinada con la que miraba un programa con error de código.

En ese proceso me hice una pregunta que cambió todo: si tuviéramos que diseñar la democracia hoy, con las herramientas que existen ahora, desde cero, sin el peso de la historia, ¿se parecería en algo a lo que tenemos? Mi respuesta fue un «no» rotundo. No porque la democracia no sea valiosa, al contrario, es uno de los inventos más importantes de la humanidad, sino porque su implementación institucional actual está basada en limitaciones técnicas que ya no existen. Es como insistir en navegar con mapas del tesoro, cuando tenemos GPS.

Si uno despeja el ruido ideológico, lo que queda son problemas de diseño. El primero es que votamos personas, no ideas. El sistema nos obliga a elegir paquetes cerrados. El segundo es que el voto es puntual, no continuo, se ejerce en un momento específico y luego se vuelve un recuerdo. El tercero es que el ciudadano no tiene herramientas reales para revocar su apoyo si el representante traiciona el mandato. El cuarto es que los incentivos de quienes gobiernan están más alineados con la supervivencia de sus estructuras que con el bienestar de quienes dicen representar. Podríamos seguir, pero estos cuatro son suficientes para entender que no basta con cambiar de actores, hay que reescribir las reglas del juego.

La tecnología no es una varita mágica, pero sí ofrece algo que antes era imposible: capacidad de registro, verificación y participación masiva a muy bajo costo. Hoy cualquier persona con un teléfono puede validar su identidad ante un banco, firmar documentos y transferir dinero con seguridad. Si eso se puede hacer con lo más crítico que tiene una persona, su dinero, también se puede hacer con su voto. No digo que sea trivial. Digo que es posible. Y si es posible, el problema deja de ser técnico y pasa a ser político. La pregunta relevante es quién se beneficia de que no se haga.

Sobre esa base, este libro propone una reconstrucción completa: un sistema donde se votan ideas y no personas, donde el representante deja de ser dueño del cargo y pasa a ser un delegado bajo supervisión permanente, donde la justicia se separa del poder político por diseño y no por buena voluntad, donde el dinero público se vuelve trazable y donde el territorio se reorganiza en unidades donde la política recupera el rostro humano. Cada una de esas reformas se desarrolla en los capítulos que siguen. Aquí solo importa establecer el punto de partida: si las herramientas existen, el único obstáculo es la voluntad de usarlas.

Sé que todo esto puede sonar radical. Lo es. Pero radical no es lo mismo que irresponsable. Radical es ir a la raíz de un problema. Y la raíz de la crisis política actual no es que «la gente no entienda», ni que «los jóvenes no se interesen», ni que «las redes sociales lo arruinaron todo». La raíz es que estamos intentando forzar un modelo institucional viejo para gestionar un mundo nuevo. Estamos usando un sistema operativo que no fue diseñado para esta cantidad de información, esta velocidad de intercambio y esta complejidad de interdependencias globales. No se trata de tirar la democracia por la borda, sino de actualizarla al siglo XXI.

Este libro es, en esencia, un manual de actualización. No un manual técnico lleno de jerga incomprensible, sino una guía razonada de por qué necesitamos cambiar, qué podemos cambiar y cómo podríamos empezar a hacerlo. Todo con un objetivo central: que el ciudadano recupere el control sobre lo público.

No espero que el lector esté de acuerdo con todo desde el principio. Solo le pido una cosa: que suspenda, por un momento, la idea de que «no hay alternativa», de que «siempre fue así» y «siempre será así». Durante casi veinte años trabajé sobre este sistema, refinándolo, descartando ideas que no funcionaban, incorporando otras nuevas, probándolo mentalmente una y otra vez, como quien testea un programa en busca de errores. Lo que verá en estas páginas no es una ocurrencia improvisada, sino el resultado de ese trabajo paciente. No pretendo que este sea el punto final de la conversación, sino un punto de partida sólido para repensar cómo queremos vivir juntos en este siglo.

Si alguna vez salió de un acto eleccionario con la sensación de haber hecho algo importante y, al mismo tiempo, de que nada cambiaba, este libro está escrito pensando en usted. Lo invito a que caminemos juntos por el código fuente de la democracia y exploremos cómo sería reescribirlo con las herramientas que hoy tenemos al alcance de la mano.

Pero antes de entrar en los capítulos, necesito establecer algo. Todo sistema lógico parte de tendencias duras del comportamiento humano que no requieren demostración: axiomas. La geometría tiene los de Euclides. La física tiene los de Newton. Este libro parte de cinco postulados sobre el comportamiento humano. Son observaciones tan básicas que es difícil negarlas, y, sin embargo, de ellas se desprende todo lo que sigue.

LOS POSTULADOS

Postulado I. El ser humano siempre busca obtener el mayor beneficio con el menor esfuerzo posible.

Postulado II. Todo ser humano teme más perder lo que ya tiene que lo que podría ganar con un cambio. Ese miedo lo lleva a sostener cualquier sistema que preserve su situación actual, sin importar cuán poco posea o cuán injusto sea ese sistema.

Postulado III. Si un ser humano tiene a su alcance un mecanismo que le otorgue ventaja o privilegio sobre otros, lo utilizará, independientemente de la legitimidad de dicho mecanismo.

Postulado IV. Todo grupo humano, en ausencia de controles externos verificables, tiende a concentrar el poder en pocos y a perpetuar dicha concentración.

Postulado V. Si quienes viven del esfuerzo ajeno tienen el poder de elegir el sistema que los gobierna, elegirán siempre aquel que les dé más sin exigirles contribuir. Esa espiral de dependencia creciente y producción decreciente conduce inevitablemente al colapso del sistema que los sostiene.

CAPÍTULO 1
DEL CABLE AL BOLSILLO

La política vive hoy en un mundo que ya cambió. En los últimos ciento cincuenta años, la humanidad pasó del cable telegráfico al teléfono, del teléfono a la radio, de la radio a la televisión, de la televisión a la computadora personal, de la computadora a internet y de internet al teléfono inteligente. Cada salto comprimió el tiempo, amplió el alcance y abarató el costo de comunicar. Hoy, cualquier persona con un teléfono en el bolsillo lleva cámara, banco, mapa, memoria, correo, identidad, llave, red social, estudio y trabajo. Es decir, lleva infraestructura de Estado. Y, sin embargo, cuando esa misma persona quiere ejercer su derecho político más básico, tiene que levantarse un domingo, hacer fila en una escuela y meter un papel en una caja.

Si uno mira esta secuencia sin romanticismo, se ve lo obvio: el mundo aceleró. La información pasó de semanas a segundos. La coordinación pasó de cartas a redes. Y, aun así, cuando llegamos al corazón de la vida cívica, el mecanismo mediante el cual el ciudadano controla al poder, seguimos actuando como si el telégrafo fuera una novedad. Ese es el desfasaje real. No es una metáfora, es un atraso estructural.

En la antigüedad y hasta hace no tanto, la información viajaba lento. No había teléfono, no había internet y lo más rápido era un mensajero o un barco. Esa lentitud obligaba a organizar gobiernos en estructuras locales. No era un capricho. Si se gobernaba un territorio grande, se necesitaba alguien en el terreno, un gobernador, un intendente, un representante que tomara decisiones sin esperar semanas a que una orden llegara desde la capital. Las sociedades también eran más locales, así que era natural que el poder se fragmentara. El diseño del Estado moderno, con sus capas, sus ministerios, sus provincias, sus municipios y sus oficinas, nace para un mundo de distancias físicas.

Ese mundo ya no existe. Hoy la información fluye en segundos. Y, sin embargo, el sistema político sigue defendiendo su arquitectura como si fuera un dogma. Seguimos teniendo estructuras pensadas para administrar lentitud, cuando lo que necesitamos administrar es complejidad y velocidad. El problema no es la modernidad como moda: el problema es que, si el control ciudadano se mueve a velocidad de papel, el poder se mueve a velocidad de luz y va siempre años adelante.

La fragmentación mediática hizo el resto. Donde antes un gobierno podía comprar el relato con un canal dominante y un diario, hoy la oferta explotó. Netflix, YouTube, pódcast, streamers, canales pequeños. Cada persona vive en su propio menú informativo. Y eso tiene una consecuencia innegable: la propaganda pierde monopolio. La gente dejó de creerle al aparato clásico y empezó a escuchar a quien le transmitía confianza, un comunicador independiente, alguien que no era nadie y que, de pronto, se volvió referencia.

Lo más interesante es que esta revolución comunicacional no se tradujo en una revolución institucional equivalente. La tecnología avanzó. La política, en gran medida, la usó para lo mismo de siempre: propaganda, segmentación, operación, compra de voluntades, construcción de enemigos y fabricación de consenso. En países en vías de desarrollo, y lo digo como diagnóstico de instituciones frágiles, la tecnología se usó muchas veces para hacer trampa más sofisticada. Donde antes se necesitaba un puntero físico, hoy se puede montar una red de manipulación digital. Donde antes se necesitaba un diario comprado, hoy se pueden comprar pauta, bots y tendencias. La herramienta cambió, la lógica de poder siguió intacta.

En Argentina, por ejemplo, se llegó a gastar una cifra gigantesca del Estado solo en propaganda, miles de millones de dólares. En un país donde una parte importante de la población vive en la pobreza, ese dinero no es abstracto. Es impuesto real, es comida real, es futuro real. Lo que ocurrió es que llegó un punto en el que la gente dejó de creer el relato. No porque se haya vuelto mejor, sino porque, con la multiplicación de canales, se volvió más difícil ocultar la trampa. Cuando hay muchas cámaras, la mentira dura menos.

Sin embargo, incluso cuando aparece un fenómeno disruptivo, un candidato que llega por fuera de los partidos tradicionales, una figura que rompe el molde, el problema de fondo no desaparece. Si el sistema es hackeable, tarde o temprano alguien vuelve a hackearlo. Se puede dificultar, se puede retrasar, se puede elevar el costo del fraude, pero si las reglas permiten el poder sin rendición de cuentas, la delegación sin supervisión termina en abuso. Y ahí está el núcleo de todo lo que propongo: dejar de votar personas como si fueran salvadores y empezar a votar ideas con control continuo.

Hoy la democracia funciona, en la práctica, como un contrato absurdo. El ciudadano entrega poder por años y, durante ese tiempo, pierde mecanismos reales de control. Vota cada tanto, se queja en redes, se indigna, discute... y no pasa nada. Esa indignación es un síntoma de impotencia. La gente no solo está cansada, está cansada de no poder hacer nada. De ahí surge una crisis global de representación. El ciudadano percibe que el político prometió una cosa y ejecutó otra y, lo peor, ejecutó otra con inmunidad temporal. Ese es el «mandato sin control».

Si me preguntan qué quiere la gente, mi respuesta es simple: la gente quiere votar ideas. Se ve todos los días. Se discuten políticas concretas, seguridad, inflación, educación, justicia, migración, impuestos, ambiente. Lo que no se quiere es entregarle la vida a alguien que promete como si el mundo fuera una frase. Y esto es importante: quien sabe tiende a ser moderado al prometer. Un ingeniero especialista en construcciones no dice «mañana soluciono el problema habitacional de un país» sin antes revisar recursos, terrenos, energía, agua, costos, tiempos y logística. Quien promete sin medir, es un mentiroso profesional o un ignorante peligroso. Aun así, ese perfil es el que gana elecciones en sistemas donde no hay filtros, ni para el candidato ni para el votante.

En ese contexto aparece una pregunta incómoda que no esquivo. Cuando no se filtra quién vota ni se filtra al candidato, suele ganar quien mejor sabe manipular el sistema. Gana quien dice cualquier cosa. Y gana también porque tiene experiencia hackeando el sistema, apretando, comprando, armando estructuras clientelares y creando dependencia. Esto suena duro, lo sé, pero prefiero lo duro verdadero a lo suave falso. La violencia engendra violencia y no queremos violencia. Ya sabemos cómo termina: un inescrupuloso reemplazando a otro inescrupuloso. Lo que necesitamos es control racional, trazable y verificable.

El voto, como mecanismo, no es sagrado por ser antiguo. Es sagrado por su función: controlar al poder. Si el mecanismo actual no controla, no es sagrado, es ritual. Y los rituales, cuando se vacían, se convierten en armas del poderoso. El corazón de esta propuesta es reemplazar ese ritual por un sistema de decisión continua, verificable y trazable. Cómo funciona en detalle lo veremos en los capítulos que siguen.

Dicho esto, el objetivo no es solo votar de otra forma, es votar cosas distintas. Hoy votamos paquetes, partido, líder, lista, relato. Con un sistema moderno, se puede participar por ideas específicas, y eso cambia la psicología social. En el modelo actual, el odio es funcional, «ellos» contra «nosotros». Derecha contra izquierda, buenos contra malos. Esa división le sirve a la casta, porque detrás del escudo ideológico puede esconder cualquier porquería. Cuando el voto se desplaza hacia ideas concretas, sostener un enemigo abstracto se vuelve más difícil. Ya no se odia a un grupo, se discute una propuesta. Y cuando se discuten propuestas, la manipulación pierde terreno.

En ese punto la democracia se vuelve adulta. El ciudadano deja de ser espectador y pasa a ser coautor. En redes sociales ya hacemos política, pero sin poder real. Publicamos, denunciamos, nos indignamos, usamos hashtags y la maquinaria institucional sigue intacta. El salto consiste en conectar esa energía con consecuencias reales, que el reclamo deje de ser catarsis y se convierta en mecanismo.

Cualquier sistema nuevo enfrenta obstáculos.

El primer obstáculo es la brecha digital. No todo el mundo tiene acceso, habilidades o confianza. Eso obliga a una implementación por etapas y a un esquema de acompañamiento.

El segundo obstáculo es político y es total. La clase política va a buscar mil razones para decir que el sistema es «desastroso». Va a repetir un argumento viejo: «la gente no entiende». Traducido: «nosotros somos los profesionales y ustedes son incapaces». El problema es que esos profesionales llevan décadas administrando miseria, inseguridad, deuda y falta de futuro. Si fueran profesionales de verdad, viviríamos mejor.

El tercer obstáculo es individual. «Me da fobia votar todo el tiempo», «no sé qué elegir», «me voy a equivocar». Ese miedo es real y no hay que burlarse. Un sistema sano no obliga a participar a quien no quiere. Si alguien decide no votar en un tema, su voluntad debe respetarse. Al mismo tiempo, el sistema puede permitir delegaciones revocables, confiar el voto a alguien que represente en un área específica, con la posibilidad de retirarlo si traiciona esa confianza. Así, la participación se vuelve manejable sin transformarse en carga.

Aquí aparece el punto donde la democracia deja de ser un evento y se convierte en un vínculo: el voto dinámico y revocable. En el sistema actual, se elige a alguien y se aguanta. En el sistema que propongo, el representante conserva apoyo mientras mantiene coherencia. Es como un «me gusta» político que puede retirarse. No es capricho, es control. El representante deja de ser propietario del cargo y pasa a ser un administrador bajo supervisión permanente.

A partir de aquí, el desafío deja de ser abstracto y se vuelve concreto. Ya no se trata solo de entender por qué el sistema actual falla, sino de mostrar cómo podría funcionar uno distinto. La discusión pasa del diagnóstico al diseño, de la crítica a la ingeniería. Lo que sigue es una exploración detallada de cómo traducir estos principios en estructuras operativas reales, sin mitologías tecnológicas ni promesas mágicas, con una sola premisa como guía: que la tecnología no se convierta en un nuevo ídolo, sino en una herramienta al servicio de la soberanía ciudadana.

CAPÍTULO 2
LA CÉLULA TERRITORIAL

Antes de describir cómo funciona el legislativo, la justicia, la presidencia o cualquier otra pieza del sistema, es necesario explicar la unidad sobre la cual todo se apoya: la célula territorial, una unidad que se define por el primero de dos límites que se alcance: un máximo de veinte mil habitantes o un territorio mínimo de 50 km × 50 km (2.500 km^2), que en zonas de muy baja densidad poblacional puede extenderse hasta 100 km × 100 km (10.000 km^2). Sin esta división, nada de lo que sigue tiene sentido. La célula no es un detalle administrativo, sino la condición que permite que la representación vuelva a ser real, que el control ciudadano funcione y que el poder deje de concentrarse en estructuras distantes e inaccesibles. Es el primer ladrillo del edificio.

La representación fracasa cuando se vuelve abstracta. Cuando un diputado «representa» a cientos de miles o millones de personas, la palabra representar se vacía de contenido, ya que nadie puede conocer con detalle y responsabilidad la vida cotidiana de una masa tan grande. El vínculo se rompe y el representante termina respondiendo a lo único que tiene cerca: el partido, los donantes, la estructura y el aparato.

La reforma comienza, por lo tanto, en la unidad básica: la

célula. Cada ciudad o región se divide en células de un máximo de veinte mil habitantes. Una ciudad de ochenta mil se organiza en cuatro células; cada una de veinte mil habitantes. La célula es lo suficientemente pequeña como para que la política recupere el rostro humano: el vecino deja de ser un número y vuelve a ser alguien que comparte servicios, problemas y entorno, y que reconoce a quienes hablan en su nombre.

En las zonas rurales donde la densidad poblacional no permite aplicar este criterio, el esquema se adapta para no abandonar territorios extensos. Se conforman bloques territoriales de cincuenta por cincuenta kilómetros (pudiendo llegar a 100 km × 100 km en áreas remotas de bajísima densidad de población), garantizando siempre al menos un representante por área. De este modo, las regiones de baja densidad, el campo y las zonas de frontera mantienen representación propia y canales directos, sin quedar invisibilizadas por su dispersión.

Esta división introduce, además, un cambio conceptual profundo: la política deja de pensarse como un mapa pintado por provincias o estados y comienza a entenderse como una red de comunidades reales, con escala humana. La célula se convierte en el espacio donde se diagnostica, se discute y se prioriza.

En este modelo, la reducción de cargos no es un gesto estético, sino una necesidad de higiene institucional. Cada célula elige únicamente dos cargos políticos, y ambos comparten la misma función básica: proponer. Uno es el Proponente Comunal, encargado de proponer iniciativas locales y, una vez aprobadas por la comunidad, actuar como gestor para ejecutarlas. El otro es el Proponente Federal, encargado de proponer iniciativas en la Red Legislativa Nacional y, cuando esas iniciativas aterrizan en su territorio, actuar también como gestor federal local. La gestión, en este diseño, no es un cargo separado: es la función natural de quien propuso, una vez que la comunidad le da el mandato de ejecutar. Su función federal no es votar leyes, sino proponerlas, canalizarlas y elevar la voz de la comunidad al plano nacional. No existen concejales, no hay senadores, no hay estructuras duplicadas ni escalones intermedios diseñados para repartir favores o sostener carreras políticas.

Esta simplificación produce un efecto inmediato: la política deja de funcionar como una escalera infinita. El poder se acerca al territorio, pero se vuelve más difícil de capturar mediante burocracias. El Proponente Comunal gestiona, el Proponente Federal propone y canaliza, y el ciudadano decide. Con ello se rompe un hábito profundamente arraigado y destructivo: votar personas para que ellas voten por nosotros. En este diseño, el cargo legislativo se redefine desde su raíz. No existe para ejercer un voto propio, sino para organizar la voz de la célula y llevarla a un sistema nacional de decisiones.

Esta ingeniería territorial no es un fin en sí mismo, sino la base operativa de todo lo que sigue. El legislativo virtual, la representación local, la figura del presidente, el sistema judicial, la reforma fiscal y cada una de las piezas que se desarrollan en los capítulos siguientes se apoyan en la existencia de estas células. Sin ellas, el sistema vuelve a depender de distritos abstractos, representantes lejanos y poder concentrado. Con ellas, la política recupera escala humana y el ciudadano recupera control.

CAPÍTULO 3
SE VOTAN IDEAS, NO PERSONAS

La política moderna conserva un ritual extraño: se presenta como el espacio de la decisión democrática y, sin embargo, opera como una máquina de intermediación. Entre la voluntad del ciudadano y el resultado legislativo se acumulan capas sucesivas, partidos, listas, bloques, negociaciones opacas, cámaras duplicadas, comisiones interminables, asesores, operadores, pactos y vetos cruzados, hasta que el ciudadano queda reducido a un gesto esporádico: votar cada cierto número de años y esperar. Ese gesto se vende como soberanía, cuando en la práctica suele funcionar como un cheque en blanco.

El problema no es únicamente ético, sino también técnico. La sociedad cambió de escala y de velocidad: la información circula en tiempo real, los sistemas se actualizan de manera constante y el ciudadano vive conectado, compara, reclama, aprende y se organiza. Aun así, el poder legislativo continúa comportándose como si la comunicación dependiera del papel y de la presencia física. El resultado es conocido: se legisla tarde, se legisla lejos y se legisla con incentivos orientados a preservar poder antes que a representar.

El diseño que ordena este capítulo parte de una pregunta sencilla: si hoy es posible consultar a millones de personas de forma segura y verificable, ¿qué sentido tiene sostener un sistema cuyo núcleo consiste en votar a otros para que decidan por nosotros? La representación, tal como se practica, dejó de ser un puente y se convirtió en un sustituto permanente.

La respuesta no pasa por eliminar la representación, sino por redefinirla. El representante deja de ser propietario del voto y asume el rol que siempre debió tener: el de Proponente Federal, canal, vocero y administrador de agenda pública. La decisión final regresa al ciudadano de manera continua, mediante ciclos mensuales, con identidad digital soberana y voto trazable por blockchain.

A partir de esa lógica se estructura un legislativo virtual, organizado en células de escala humana, sin Senado, sin capas intermedias y con un flujo de propuestas que termina siempre en el mismo lugar: la votación ciudadana directa. El edificio desaparece, el privilegio se reduce y la distancia se acorta. La política deja de ser un palacio y pasa a funcionar como un sistema. Sobre la base de las células definidas en el capítulo anterior, cada una con su Proponente Comunal y su Proponente Federal ante la Red Legislativa, se construye el legislativo virtual que se describe a continuación.

Una población de cuarenta millones de habitantes, dividida en células, produce un número claro: alrededor de dos mil representantes. Pretender reunir físicamente a dos mil personas para deliberar y votar resulta una fantasía costosa, lenta e ineficiente. En cuanto se fuerza ese formato, la institución se vuelve dependiente del edificio, del viaje, del presupuesto y del ritual, y reaparecen los pasillos, las negociaciones opacas y los intermediarios.

Por esa razón, la Red Legislativa funciona de manera completamente virtual. No se trata de un «parlamento por videollamada», sino de una plataforma institucional con identidad digital soberana para cada representante, registro trazable de su actividad y archivo público de propuestas, debates, enmiendas, argumentos y métricas de impacto. Todo queda registrado, todo es auditable y todo puede seguirse en tiempo real.

El rol del Proponente Federal se transforma de manera radical, porque su función es proponer temas y escribir leyes, pero no votarlas. Ese detalle constituye el núcleo del sistema. El Proponente Federal deja de ser legislador final y pasa a ser vocero de su célula. Su función consiste en escuchar, traducir necesidades locales en textos normativos, justificarlos, recibir críticas, ajustarlos y elevarlos al mecanismo de decisión ciudadana.

El paso siguiente reordena la soberanía: las propuestas que emergen de la Red Legislativa se someten a votación ciudadana directa mediante blockchain. La decisión ya no se negocia en un recinto; se adopta en la ciudadanía, mes a mes, con identidad digital soberana y trazabilidad pública del proceso.

Aquí se produce una inversión clara del poder. El Proponente Federal deja de decidir por otros y pasa a servir a otros. Su autoridad no reside en levantar la mano en una sesión, sino en su capacidad de presentar propuestas claras, útiles, bien fundamentadas y alineadas con la voluntad de su comunidad.

Un sistema de participación continua, no obstante, se degrada si se vuelve caótico. Cuando todo se vota todo el tiempo, el ciudadano se agota; cuando casi nada se vota, reaparece el cheque en blanco. La solución se encuentra en un ritmo estable, predecible y manejable.

La regla es mensual. Una vez al mes, cada Proponente Federal puede presentar una propuesta legislativa a votación popular. Cada célula dispone así de un canal regular para elevar su agenda, y el ciudadano conoce el calendario, el ciclo y el flujo. La política deja de vivirse como una emergencia permanente y se convierte en un sistema de actualización continua.

Este ritmo mensual introduce, además, una ventaja decisiva: obliga a priorizar. Nadie puede inundar el sistema con cientos de iniciativas para diluir las importantes. Cada representante sabe que su capacidad de proponer es limitada y, por tanto, valiosa. La célula debe decidir qué impulsa y por qué. Esa escasez deliberada actúa como un filtro natural contra la demagogia de volumen.

Una Red Legislativa sin voto final puede, aun así, cumplir una función crítica dentro del sistema: filtrar la agenda nacional. Un país no es solo la suma de sus células, sino también un conjunto de problemas transversales que requieren foco y jerarquía, de modo que el filtro temático evita que el ciclo mensual derive en una dispersión infinita de iniciativas sin peso real.

El mecanismo es deliberadamente sencillo. Los Proponentes Federales del país cuentan con el derecho y la responsabilidad de proponer temas de interés público, como seguridad, infraestructura, educación, justicia, energía, salud, orden fiscal o tecnología cívica. A lo largo del mes se registran las propuestas y, una vez cerrado ese período, la propia Red Legislativa realiza una votación interna para seleccionar únicamente tres temas que serán elevados a la ciudadanía en ese ciclo. El número total de Proponentes Federales depende del tamaño del país: a mayor cantidad de células, mayor cantidad de Proponentes Federales. La escala se ajusta naturalmente a la demografía y a la extensión territorial de cada nación, sin necesidad de fijar un número arbitrario en la Constitución.

Esta votación interna se desarrolla con total transparencia mediante blockchain y debe ser nominativa. Es tarea de todo el conjunto de representantes reducir cientos de propuestas a una terna clara, comprensible y enfocada. En este esquema, la ciudadanía no vota a los Proponentes Federales, sino a las ideas; no elige personas, sino propuestas.

Un ejemplo concreto permite visualizar el flujo sin

tecnicismos. Entre las propuestas presentadas aparecen, por ejemplo, la seguridad en el transporte, una reforma educativa y la infraestructura hídrica. Tras la votación interna se seleccionan tres temas y esos tres se presentan al país en el ciclo mensual, donde el ciudadano decide mediante su voto qué se aprueba o qué se prioriza. De este modo, la selección temática convierte al representante en un curador de agenda pública, alguien que recoge demandas locales y, al mismo tiempo, participa en una inteligencia democrática nacional orientada a definir qué asuntos deben ocupar el centro de cada mes.

La democracia directa, sin embargo, puede degradarse si se la ejecuta sin cuidado, ya que corre el riesgo de caer en la simplificación excesiva o en la manipulación. Un sistema moderno no puede exigirle al ciudadano que decida sin contexto y luego responsabilizarlo por una mala decisión. La participación continua requiere un mínimo de alfabetización cívica en cada evento y, además, un antídoto efectivo contra la propaganda y la desinformación.

Por esa razón, cada propuesta final se acompaña de información equilibrada. Ejemplo: tema minería a cielo abierto. Se generan dos piezas breves de explicación, verificadas y públicas. Una es elaborada por quienes apoyan la medida, exponiendo por qué consideran conveniente aprobarla; la otra es preparada por quienes se oponen, detallando riesgos, objeciones o razones válidas para rechazarla.

El formato es intencionalmente breve, de uno a tres minutos, no con el objetivo de reemplazar un estudio profundo, sino de asegurar que el votante reciba al menos los argumentos centrales de ambas posiciones sin depender de campañas externas que distorsionen el debate. Esta simetría informativa reduce la manipulación y obliga a que el conflicto se exprese mediante razones y no mediante ruido.

Antes de emitir su voto, el ciudadano debe visualizar ambos

contenidos. No se trata de un castigo, sino de un contrato mínimo de responsabilidad cívica. Si la visualización no se completa, el sistema no habilita el voto. La plataforma no infantiliza al ciudadano; lo trata como adulto, bajo una premisa clara: quien decide debe comprender lo que está decidiendo. Esta exigencia elemental mejora la calidad del voto sin restringir el derecho.

La verificación de estos materiales se integra al mismo principio de trazabilidad que rige todo el sistema. Los contenidos quedan registrados con autores, fechas, versiones y métricas de acceso, de modo que ninguna posición puede alegar que fue silenciada ni ocultar su postura. El debate se ordena y se hace visible.

La imagen final de este legislativo difiere por completo de la política tradicional. No existe Senado ni doble cámara destinada a bloquear decisiones o negociar privilegios. No hay un recinto sagrado donde las leyes se «cocinan» entre pocos. En su lugar, funciona una red de representantes cercanos y responsables ante su célula, un flujo mensual que permite participación continua sin saturación, un filtro temático que concentra la agenda nacional, información equilibrada que reduce la manipulación y voto ciudadano directo, verificable y trazable.

Las ventajas aparecen de inmediato, no como consignas, sino como consecuencias del diseño. La representación se vuelve equitativa, ya que cada veinte mil ciudadanos cuentan con una voz clara; la Red Legislativa pierde privilegios, dado que los Proponentes Federales proponen, pero la última palabra es del pueblo; la democracia se vuelve verdaderamente directa, porque el ciudadano vota ideas y no solo personas; y el sistema se virtualiza, eliminando gastos asociados a edificios monumentales, ceremonias costosas y logística innecesaria.

El efecto más relevante, sin embargo, es menos visible. El ciudadano deja de vivir la política como una expectativa frustrante y comienza a utilizarla como una herramienta cotidiana. Se termina el cheque en blanco y la delegación total, al tiempo que se recupera el control sin transformar la vida pública en un ruido permanente. De este modo, un país vuelve a decidir y lo hace mediante un mecanismo acorde con su tiempo.

CAPÍTULO 4
REPRESENTACIÓN LOCAL

La democracia se vuelve abstracta cuando la representación se aleja de la vida cotidiana, ya que se habla de «la gente» como si fuera un bloque homogéneo, se legisla para «la nación» como si todos compartieran los mismos problemas y se administra desde centros que rara vez pisan los barrios donde se sienten las consecuencias reales de las decisiones. De ese distanciamiento nace un fenómeno silencioso pero decisivo: el ciudadano deja de creer que su voz modifica algo y, cuando esa convicción se pierde, la política deja de ser un instrumento para transformarse en una escena, una escena que con el tiempo se llena de actores cuyo único objetivo es permanecer en el escenario.

El diseño que ordena este sistema devuelve la política a su escala humana, no desde una nostalgia municipalista ni desde un romanticismo comunitario, sino desde un criterio de control, dado que cuanto más cerca se encuentra el poder, más difícil resulta ocultarlo. La proximidad no garantiza virtud, aunque sí reduce la impunidad, permite que la reputación funcione, que la trayectoria pese y que la mentira tenga un costo social visible, además de reinstalar una regla básica que suele olvidarse cuando el poder se concentra: quien administra lo cotidiano no puede decidir a espaldas de los administrados.

La célula no funciona solo como un recorte territorial, sino como la pieza mínima donde la representación vuelve a ser real. En esa escala, el vecino deja de ser un dato estadístico para convertirse en un rostro reconocible, y el representante deja de ser una figura mediática distante para transformarse en alguien que se cruza en la calle, atiende en una oficina local, responde en una aplicación oficial y queda expuesto cuando no cumple. Se termina así la ficción de una representación sin contacto y comienza una representación acompañada de rendición de cuentas.

La lógica que estructura este nivel es directa: cada célula elige dos figuras con funciones diferenciadas y límites claros. Una de ellas se encarga de elevar ideas al plano nacional y de servir como canal legislativo; la otra administra la gestión local dentro de un marco estrictamente delimitado. Entre ambas se cierra un circuito que articula propuesta, ejecución y control ciudadano, con un elemento que altera por completo la dinámica tradicional, ya que la decisión final, incluso en asuntos locales relevantes, no se adopta por la voluntad unilateral de un funcionario, sino mediante validación ciudadana a través de voto verificable.

Cada seis años, la ciudadanía de cada célula elige a esas dos personas, sin listas partidarias ni estructuras intermedias, evaluando perfiles concretos con tareas específicas y responsabilidad acotada. El Proponente Comunal actúa como vocero de la comunidad en los asuntos locales, escuchando necesidades del barrio, traduciéndolas en propuestas concretas para la célula y ejecutándolas como gestor una vez aprobadas por los vecinos. El Proponente Federal actúa como vocero de la comunidad en la Red Legislativa Nacional, escuchando necesidades, traduciéndolas en propuestas claras de alcance nacional, participando en debates con otros Proponentes Federales y elevando iniciativas para que sean sometidas a votación ciudadana. Ambos roles no se ejercen desde una burbuja institucional, sino desde oficinas físicas en la propia localidad, con horarios de atención reales, complementadas por una aplicación oficial que mantiene un canal permanente de contacto con los vecinos.

La existencia de una oficina física no responde a una nostalgia burocrática, sino a una función de control, ya que obliga a que exista un lugar concreto donde el ciudadano pueda presentarse, preguntar y exigir respuestas, mientras que el canal digital elimina la excusa del tiempo o la distancia y evita que el vínculo dependa de audiencias ceremoniales. La política deja de ser un evento ocasional para convertirse en un vínculo funcional y continuo.

El segundo cargo dentro de la célula es el Proponente Comunal, una figura que no funciona como un «pequeño gobernador» ni como un monarca municipal, sino como un administrador territorial con alcance deliberadamente acotado y con límites definidos tanto por normas locales como por decisiones ciudadanas verificables. Su función se concentra en la gestión de asuntos específicos de la zona —servicios, mantenimiento, ejecución y coordinación de recursos municipales—, de modo que administra lo cotidiano sin gobernar como propietario, ya que su autoridad no surge de la discrecionalidad, sino de reglas claras y de una validación pública permanente.

La elección cada seis años cumple un doble propósito que ordena los incentivos: por un lado, ofrece la estabilidad necesaria para gestionar obras y procesos que no se resuelven en plazos breves; por otro, impide la permanencia automática y obliga a una evaluación real del desempeño. La célula dispone así del tiempo suficiente para medir, comparar y decidir si continúa o no, y dado que el poder efectivo se encuentra acotado por diseño, la elección deja de ser una apuesta existencial, ya que el ciudadano no se juega su futuro en una boleta, sino la eficiencia de un administrador concreto y la calidad de un canal de gestión.

La figura del Proponente Comunal existe precisamente para que la administración local funcione sin depender de centros lejanos, ya que la gestión cotidiana requiere coordinación, ejecución y respuesta, aunque el error histórico consistió en transformar esa necesidad en un poder discrecional capaz de construir feudos y redes clientelares. La corrección no pasa por eliminar la figura, sino por limitarla, de manera que el Proponente Comunal gestione únicamente asuntos locales y administre un presupuesto y atribuciones básicas definidas por ley, sin capacidad para operar como dueño de una caja ilimitada ni como distribuidor de favores, ni para prometer lo que no controla o utilizar lo público como moneda de compra social.

El límite más relevante no es contable, sino político, ya que cualquier iniciativa con impacto significativo que el Proponente Comunal pretenda implementar debe ser validada mediante voto ciudadano utilizando el mismo sistema verificable, de modo que puede diseñar, planificar, proponer y ejecutar, pero nunca imponer. Actuar sin respaldo deja de ser una opción y la idea de que «para eso lo eligieron» pierde sentido, puesto que ser elegido ya no equivale a recibir una confianza ciega sin mecanismo de revocación, sino a aceptar un contrato con cláusulas explícitas. Esa validación no convierte la gestión en un plebiscito permanente, ya que se reserva para decisiones estructurales, grandes gastos, cambios normativos locales, proyectos que afectan al conjunto de la comunidad o prioridades presupuestarias relevantes, mientras que lo cotidiano sigue su curso administrativo y lo estructural vuelve a manos de los vecinos.

De ese modo, el Proponente Comunal deja de ser un jefe político para convertirse en un administrador responsable, cuyo poder no reside en mandar, sino en gestionar bien, y cuya gestión se evalúa por resultados visibles: estado de las calles, calidad de los servicios, tiempos de respuesta, claridad en el gasto, mantenimiento y orden. Cuando la gestión fracasa, no existe un aparato partidario que pueda ocultarlo, porque los vecinos lo observan todos los días.

La democracia se degrada cuando la información se transforma en propiedad de unos pocos, ya que el control ciudadano no existe si el ciudadano no puede ver, razón por la cual la conexión permanente y la transparencia no funcionan como adornos modernos, sino como la base misma del sistema. Tanto el Proponente Federal como el Proponente Comunal deben ser accesibles de forma física y digital, garantizando presencia real en el territorio y continuidad en el vínculo, mientras que la aplicación oficial opera como un canal institucional de consulta, propuesta, seguimiento y respuesta, y no como una red social de propaganda.

Cada propuesta, cada consulta formal y cada decisión relevante quedan registradas de manera verificable, de modo que la transparencia deja de depender de la buena voluntad del funcionario y pasa a depender del diseño de la plataforma, haciendo que la manipulación deje huella y que la corrupción se vuelva más riesgosa al existir un rastro público que modifica los incentivos.

Con este conjunto de reglas, la representación local se vuelve tangible, ya que cada comunidad cuenta con dos representantes de confianza, con funciones diferenciadas, límites claros y una conexión directa y continua con la ciudadanía. Uno eleva la voz de la célula al plano nacional de las ideas, mientras el otro ejecuta la gestión local sin apropiarse de la caja ni del destino del territorio, ambos bajo un mismo principio rector: el poder real queda en el ciudadano, y no en el representado.

CAPÍTULO 5
EL PRESIDENTE

La política moderna sostiene una contradicción que ya ni siquiera se disimula, ya que habla de soberanía popular mientras deposita la soberanía real en cúpulas pequeñas, invoca la representación mientras convierte al ciudadano en espectador y proclama igualdad mientras preserva castas que viven por encima del resto, blindadas por símbolos, cargos vitalicios y mecanismos de autoprotección.

El problema no reside en una suma de malos hábitos, sino en el diseño mismo, un diseño heredado de un mundo distinto, sin comunicación instantánea, sin verificación masiva y sin participación directa a escala nacional. En ese contexto histórico, las jerarquías parecían necesarias, el centro de poder se percibía como inevitable y la figura de una autoridad suprema se consideraba eficiente; sin embargo, en el presente, esa misma estructura se ha convertido en el atajo perfecto para el abuso, ya que concentrar el poder para facilitar el gobierno termina facilitando su captura.

La frase «no hay alternativa» funciona como uno de los trucos más antiguos del repertorio político y se repite para justificar presidentes con facultades amplias, gobernadores convertidos en señores territoriales, partidos que actúan como dueños de la oferta política, cortes que se perciben por encima de todos, embajadas que operan como clubes de élite y burocracias diseñadas para blindarse a sí mismas. De ese modo, se sostiene una aristocracia moderna sin corona oficial, pero con las mismas lógicas de corte, en la que sus miembros se frecuentan, viajan, deciden y se protegen entre ellos, mientras la mayoría permanece abajo, paga impuestos, recibe servicios degradados y escucha el mismo mensaje resignado: «la democracia es esto».

La salida no se alcanza mediante moralina ni discursos inspiradores, sino a través de arquitectura institucional, eliminando la centralización del poder como norma, desarmando las jerarquías supremas como principio y redefiniendo el rol presidencial hasta reducirlo a funciones estrictas, claras y limitadas, compatibles con un sistema donde el pueblo decide de manera directa. El país deja de organizarse como una pirámide y pasa a funcionar como una red.

El punto de partida resulta incómodo, aunque necesario, ya que en una democracia real no puede existir una casta que se declare suprema, vitalicia o infalible, términos que remiten a monarquía y feudalismo, a una época en la que se aceptaba sin pudor que algunos nacían para mandar y otros para obedecer. Esa mentalidad ya no se tolera abiertamente, aunque sigue operando bajo otros nombres, de modo que el lenguaje se ha actualizado mientras el mecanismo permanece intacto.

Las democracias actuales también arrastran una historia de parches que suele ocultarse bajo una narrativa de progreso lineal hacia la igualdad, cuando en realidad su genealogía revela exclusiones evidentes: durante siglos votaron unos pocos, durante décadas las mujeres quedaron fuera y amplias capas de la población no contaron. Incluso la democracia clásica, invocada como origen noble, funcionó con una minoría que decidía y una mayoría que no participaba.

Recordar ese antecedente no implica despreciar la democracia, sino asumir que lo existente no es una obra terminada, sino una construcción improvisada que conservó privilegios porque supo defenderlos. El resultado es visible: una democracia para la base y estructuras blindadas para la cima, donde esa cima decide, bloquea, negocia y se perpetúa, mientras el ciudadano vota cada cierto número de años y, entre elección y elección, se le pide paciencia.

Las jerarquías supremas surgieron como respuesta a una época en la que el ciudadano no podía estar conectado de forma permanente con la decisión pública, razón por la cual se elegía un vértice al que se le entregaba poder para hacer funcionar la máquina. A falta de participación directa se aceptaba el mandato amplio, a falta de verificación continua se toleraba la confianza ciega y a falta de trazabilidad se naturalizaba la discrecionalidad.

Hoy esas justificaciones han perdido sustento, ya que la comunicación es instantánea, la información circula en segundos, la discusión pública puede organizarse por ciclos y el voto puede ejecutarse con identidad digital soberana y registrarse de manera verificable. En ese contexto, concentrar poder en una figura central deja de ser una necesidad funcional y pasa a ser una conveniencia para quien logra capturarlo.

El presidente tradicional no solo decide, sino que designa y controla palancas, maneja presupuesto, seguridad y relaciones exteriores, influye de manera directa o indirecta en la justicia, distribuye cargos, premia y castiga, y define prioridades mediante decretos o urgencias. Incluso cuando la persona que ocupa el cargo actúa con buenas intenciones, el diseño la convierte en un punto natural de captura, hacia el cual se alinean todos los grupos que buscan favores, haciendo que la corrupción se transforme en un cálculo racional.

Los gobernadores replican ese esquema a escala territorial,

funcionando como monarcas regionales que controlan estructuras, empleo público, presupuestos, fuerzas locales y redes clientelares, y que a menudo se convierten en intermediarios obligatorios entre el ciudadano y el Estado. Cuando el poder se concentra arriba, la vida pública se organiza alrededor de obtener algo de la autoridad, una lógica que da origen al clientelismo y que reemplaza derechos por favores.

Eliminar presidentes y gobernadores, en consecuencia, no responde a un capricho ideológico, sino a una decisión de ingeniería institucional orientada a quitar vértices, cerrar puertas únicas y desactivar el incentivo a capturar la cima para capturarlo todo. El poder se distribuye, las decisiones se reparten entre múltiples representantes locales y la población en general, y el ciudadano deja de ser un delegante intermitente para convertirse en un decisor recurrente dentro de ciclos predecibles.

El presidente surge de uno de los Proponentes Federales elegidos por las células del país. No de una candidatura externa, no lo impulsa un partido ni lo financia una estructura de campaña. Ya fue elegido por su comunidad para representarla, ya demostró capacidad de escucha y propuesta en la Red Legislativa, y desde ese universo arranca un proceso de selección popular organizado en rondas sucesivas.

En la primera ronda, los representantes que aspiran al cargo se presentan ante la ciudadanía. Pueden ser todos los que lo deseen. Cada uno publica en la plataforma digital sus propuestas de gobierno y su trayectoria de vida verificable: formación, experiencia, antecedentes, ideas concretas. El ciudadano accede a esa información libremente, compara y vota. De esa primera ronda se seleccionan los cincuenta más votados.

En la segunda ronda, esos cincuenta vuelven a someterse al voto ciudadano con mayor profundidad de análisis y debate público. Se seleccionan los siete primeros.

En la ronda final, los siete candidatos compiten por el voto de todo el país. Cada uno mantiene publicadas sus propuestas y su historial, de modo que la elección se basa en información concreta y no en propaganda vacía. El que obtiene más votos se convierte en presidente.

El resultado es una figura que llega al cargo legitimada por múltiples filtros populares sucesivos, no por un acuerdo de cúpula. Su autoridad nace del mismo sistema que eligió a los dos mil representantes y se construye paso a paso frente a la ciudadanía. Nadie lo puso ahí; el pueblo lo fue eligiendo en cada ronda.

Ese proceso de selección le otorga al presidente algo que ningún otro representante posee: un canal directo con la ciudadanía para proponer temas a votación nacional, una vez por mes, sin pasar por el filtro de la Red Legislativa.

Para entender la diferencia conviene recordar el mecanismo legislativo: los Proponentes Federales proponen temas a lo largo del mes, la Red Legislativa realiza una votación interna y selecciona tres temas que se elevan a votación ciudadana. Ese es el canal de la Red Legislativa: democrático, territorial, de abajo hacia arriba.

El presidente opera en otra escala. Su canal es individual, directo y de visión nacional. Puede elevar una iniciativa que ninguna célula particular llevaría por sí sola porque su alcance excede lo local: defensa, tratados internacionales, reformas estructurales en educación o salud, infraestructura crítica o respuestas ante crisis. Esa propuesta presidencial se somete al mismo mecanismo de votación ciudadana directa, con la misma información equilibrada a favor y en contra, y con la misma trazabilidad por blockchain.

El presidente no compite con la Red Legislativa ni la reemplaza. Ambos caminos, el de la Red Legislativa y el del presidente, terminan en el mismo lugar: la decisión del pueblo. La diferencia es el origen. Uno nace del territorio y filtra de muchos a tres. El otro nace de una visión país y se presenta directamente. Juntos, cubren tanto las necesidades locales como las estratégicas, sin que ninguna quede atrapada en negociaciones de cúpula.

Además del canal de propuesta mensual, el presidente cumple una función de comunicación institucional periódica: rendir cuentas sobre lo votado, informar sobre lo ejecutado, presentar resultados y señalar correcciones necesarias. No lo hace como un jefe que reporta a subordinados, sino como un vocero que responde ante quienes lo eligieron.

Los límites del cargo son tan importantes como sus funciones. El presidente no decreta, no administra presupuesto discrecional, no designa jueces, no controla fuerzas de seguridad y no construye estructura ministerial a su medida. Su poder es exclusivamente propositivo y comunicacional. Si intenta saturar el sistema con propuestas, el propio diseño lo frena: una iniciativa por mes, ni más ni menos. Si su propuesta no convence al pueblo, simplemente no se aprueba. No existe mecanismo para imponer lo que la ciudadanía rechaza.

La cuestión más delicada es la emergencia, ya que todo sistema necesita capacidad de respuesta rápida ante crisis sanitarias, amenazas externas o colapsos económicos, aunque la urgencia suele utilizarse como pretexto para el abuso. La solución consiste en habilitar la reacción inmediata bajo supervisión inmediata: el presidente puede actuar con rapidez, pero las medidas transitorias adoptadas deben validarse en el plazo más breve posible mediante la Red Legislativa o la ciudadanía, según el protocolo correspondiente. Declarar una guerra, tomar deuda, restringir derechos o activar estados excepcionales exige aprobación rápida y verificable. La urgencia permite actuar; no habilita poder ilimitado. Cuando el sistema puede validar con velocidad, el abuso pierde margen y la democracia se vuelve adulta, capaz de responder sin entregarse.

Al mismo tiempo, se establecen límites estrictos sobre su permanencia: mandato fijo de seis años sin reelección y sin posibilidad de construir maquinaria personal. Un diseño que busca desarmar castas no puede permitir que la presidencia funcione como un atajo hacia la riqueza o el privilegio. Sin decretos como mecanismo ordinario, sin estructuras ministeriales concentradoras y sin una sucesión jerárquica que garantice continuidad automática, el mensaje es claro: quien busque enriquecerse mediante ese puesto no encontrará incentivo alguno. El sistema está diseñado para atraer perfiles con vocación y no con apetito.

Ese rol se organiza en tres movimientos: la posibilidad de proponer directamente al pueblo iniciativas que se someten a votación con un ritmo limitado para evitar saturación; la presentación de reformas estratégicas de gran escala, como educación, salud, defensa o infraestructura crítica, sin quedar atrapadas en negociaciones de cúpula; y la comunicación institucional periódica orientada a rendir cuentas sobre lo votado, lo ejecutado, los resultados obtenidos y las correcciones necesarias.

Los partidos políticos suelen justificarse como herramientas de organización democrática, aunque en la práctica se han convertido en estructuras de supervivencia, ya que todo partido, para subsistir, necesita dinero y poder, y ese incentivo lo empuja a pactar, mentir, comprar voluntades, capturar instituciones, controlar listas, vender candidaturas, operar medios, distribuir cargos y sostener redes de favores. En ese proceso, el partido deja de ser un instrumento de ideas y pasa a funcionar como una máquina dedicada a su propia conservación.

En ese mismo engranaje aparece una de las raíces más profundas de la corrupción: el financiamiento de campañas. Las campañas requieren sumas enormes y, cuando algo exige fortunas, alguien las provee. Ese dinero rara vez surge de ciudadanos comunes de manera voluntaria y transparente; suele provenir de grandes intereses que esperan retorno, de cajas opacas, de acuerdos implícitos y de favores diferidos. La política se degrada antes de comenzar, en el momento mismo en que se compra visibilidad, de modo que quien alcanza posiciones altas suele hacerlo ya condicionado, y cuando llega condicionado gobierna para pagar, no para servir, dejando al ciudadano fuera de esa contabilidad.

La eliminación de los partidos corta esa raíz estructural, ya que sin partidos desaparece la maquinaria que captura candidaturas y fabrica disciplina ciega, el representante deja de responder a un jefe de bloque y vuelve a responder a su comunidad inmediata, y la discusión se desplaza hacia lo concreto, dado que se votan ideas y no identidades.

La votación de ideas produce un efecto tanto moral como operativo, porque obliga a argumentar y, al mismo tiempo, reduce el chantaje al eliminar la negociación escondida, ya que no se intercambia una ley por un cargo, sino que se presenta una propuesta, se informa a la ciudadanía y se decide de forma directa. En ese contexto, la corrupción pierde su territorio favorito, que siempre ha sido la transacción opaca entre pocos.

La desaparición de los partidos también debilita el clientelismo alimentado por la promesa de empleo público como moneda electoral, ya que el representante local no administra presupuestos, no reparte subsidios ni asigna cargos, sino que se limita a proponer y escuchar. Al quitarle el poder de asignación, se le quita la capacidad de construir clientelas, y en comunidades de escala humana, como las células, la impostura dura poco, puesto que la trayectoria se observa, la reputación pesa y la comunidad distingue con rapidez entre quien busca servir y quien intenta vivir del sistema.

Cuando se eliminan presidentes con poder real, gobernadores territoriales y partidos como intermediarios, lo que permanece es lo esencial: el ciudadano decidiendo. La decisión se transfiere de manera directa al pueblo mediante votaciones periódicas, organizadas con un ritmo que evita tanto la saturación como la manipulación, de forma que los representantes proponen y canalizan, la Red Legislativa organiza y el ciudadano decide, convirtiendo la decisión política en un hábito y no en un gesto excepcional.

Este cambio redefine también el sentido de la reelección en los cargos locales, ya que cuando un representante no controla presupuesto, no reparte favores ni impone decisiones, la continuidad deja de ser una amenaza y pasa a depender únicamente de la utilidad percibida por la comunidad. No se perpetúa un monarca, se mantiene un vocero, y el verdadero peligro deja de estar en la reelección indefinida.

Al mismo tiempo, se establecen límites estrictos para la figura presidencial, precisamente porque su visibilidad puede transformarse en poder simbólico excesivo. El mandato queda fijado en seis años sin reelección y sin posibilidad de construir una maquinaria personal, reduciendo así el incentivo a capturar el sistema desde ese lugar.

Un diseño que busca desarmar castas no puede permitir que la presidencia funcione como un atajo hacia la riqueza o el privilegio, ya que la política no debe parecer un negocio, sino un servicio exigente. Sin decretos como mecanismo ordinario, sin estructuras ministeriales concentradoras y sin una sucesión jerárquica que garantice continuidad automática, el mensaje es inequívoco: quien busque enriquecerse mediante ese puesto no encontrará incentivo alguno, ya que el sistema está diseñado para atraer perfiles con vocación y no con apetito, de manera similar a otras funciones de servicio donde nadie debería terminar millonario por el simple hecho de ocupar el rol.

La presidencia se transforma así en un liderazgo exportable, no porque mande, sino porque propone, no porque capture, sino porque comunica, y no porque gobierne desde un palacio, sino porque activa decisiones verificables. El temor habitual frente a la eliminación del poder centralizado sostiene que sin un centro todo se desordena, aunque ese miedo combina una intuición válida, que reconoce la necesidad de coordinación, con una manipulación histórica que afirma que dicha coordinación solo puede existir bajo jerarquías supremas.

La coordinación puede lograrse sin supremacía cuando se construye como sistema y no como voluntad personal, ya que un país puede organizarse mediante reglas, protocolos, trazabilidad, ciclos de votación, ejecución técnica y auditoría en tiempo real, apoyándose en representantes locales que elevan agenda y en una figura presidencial que comunica y propone sin poder imponer.

Al eliminar los partidos se reduce el mercado de favores, al suprimir gobernadores se debilita el feudalismo regional, al limitar la presidencia se neutraliza el vértice más capturable y al devolver la decisión al ciudadano se acorta la distancia que permite la impunidad. La política deja de girar alrededor de personas y comienza a organizarse alrededor de propuestas.

No se persigue un país sin rostros, sino un país sin dueños, sin jerarquías supremas y sin partidos convertidos en máquinas de corrupción, donde nadie pueda proclamarse indispensable sin que resulte absurdo y donde la democracia deje de ser un ritual espaciado para convertirse en un mecanismo cotidiano de decisión. El poder distribuido no funciona como consigna, sino como medida de seguridad, ya que cuando el poder se reparte, el abuso se dificulta; cuando se audita, se vuelve visible.

La presidencia, en ese marco, deja de ser un trono para convertirse en un altavoz con límites, un vocero del futuro y no un administrador de privilegios, un iniciador de propuestas y no un dueño del presupuesto, un representante institucional y no un monarca encubierto. Lo que se elimina, en última instancia, no es una persona, sino una superstición: la idea de que la democracia necesita figuras supremas. Una democracia adulta no necesita supremos, necesita reglas, trazabilidad y ciudadanía con poder real, así como instituciones que funcionen incluso cuando nadie es perfecto, porque diseñar sistemas que dependan de santos nunca ha sido un plan de gobierno viable.

CAPÍTULO 6
GOBERNAR SIN PRIVILEGIO

La política, tal como funciona hoy en muchos países, presenta un rasgo que la vuelve intolerable para el ciudadano común: no comparte destino con la gente. Cuando la economía se hunde, el ciudadano ajusta; cuando el país se endeuda, el ciudadano paga; cuando la inflación erosiona el salario, el ciudadano recorta.

Sin embargo, con demasiada frecuencia la clase política conserva su propio ecosistema, protegido por sueldos blindados, beneficios indirectos, viáticos, vehículos oficiales, asesores, estructuras y privilegios formales e informales que se sostienen incluso en contextos de crisis. Ese desacople actúa como uno de los motores más potentes de la desconfianza, ya que cuando quienes deciden no sienten el costo de lo que deciden, la decisión se vuelve barata, y lo barato tiende al abuso.

Un sistema que aspira a ser estable y, al mismo tiempo, honesto, necesita resolver dos cuestiones de manera simultánea: cortar la tentación de la política como carrera patrimonial y asegurar que la gestión disponga de un horizonte temporal suficiente para implementar ideas sin vivir en campaña permanente. De ese doble objetivo surgen dos definiciones que suelen presentarse como técnicas, aunque en realidad son profundamente morales: la duración de los mandatos y la forma en que se remunera al funcionario público.

La duración fija de un mandato no es un detalle administrativo, sino un antídoto contra la ansiedad electoral. Cuando los ciclos son demasiado breves, el funcionario gobierna con la vista puesta en encuestas y titulares, privilegiando el anuncio rápido sobre el resultado real, como si cada mes fuera el último, una lógica que termina produciendo improvisación y desgaste institucional. En ese contexto, gobernar deja de ser ejecutar un plan y pasa a ser administrar expectativas.

El salario político, por su parte, tampoco es un gasto menor ni un tema secundario, sino una señal cultural. Un sistema que permite que el funcionario viva muy por encima del ciudadano promedio envía un mensaje perverso: la política se transforma en una puerta hacia una vida separada de la realidad. Ese mensaje atrae a perfiles oportunistas y expulsa a los perfiles serios, y luego se presenta como sorpresa el hecho de que la política se llene de quienes buscan beneficio personal.

La solución no consiste en convertir al funcionario en un mártir ni en romantizar la precariedad, sino en establecer una regla clara y estricta: la política no puede ser un negocio, debe ser un servicio, y como todo servicio exigente debe remunerarse con dignidad, pero sin privilegio.

En este diseño, todos los cargos políticos tienen una duración fija de seis años. Seis años resultan suficientes para planificar, ejecutar, corregir y mostrar resultados sin caer en el teatro de la campaña eterna, ya que quien asume una responsabilidad pública necesita tiempo para implementar ideas con coherencia. Cuando se obliga al funcionario a competir de inmediato por su continuidad, su incentivo se deforma: deja de pensar en el país y empieza a pensar en la próxima elección.

La prohibición de la reelección inmediata elimina, además, uno de los incentivos más corrosivos del sistema tradicional: la construcción de maquinaria de permanencia. Cuando el objetivo principal es quedarse, aparecen la compra de lealtades, el reparto de favores, la manipulación presupuestaria, la captura de medios y la colonización de instituciones. Con mandatos largos y sin reelección inmediata, el cargo deja de ser una silla que debe defenderse a cualquier costo y se convierte en una responsabilidad con fecha de cierre conocida desde el primer día.

Esa misma regla reduce el chantaje interno, ya que en estructuras clásicas la reelección funciona como moneda de negociación, intercambiando apoyos presentes por promesas futuras. Cuando esa posibilidad desaparece, el mercado de favores se achica y la gestión se vuelve menos dependiente del uso del Estado como herramienta de carrera. Aunque el mandato dura seis años, el poder sin rendición de cuentas no existe, puesto que el sistema completo se apoya en controles continuos, votaciones regulares, trazabilidad, límites presupuestarios y auditorías públicas.

La remuneración del funcionario se redefine bajo un criterio igualmente estricto. El salario político se establece como un salario mínimo funcional, definido no como una cifra abstracta, sino como una canasta de necesidades que refleja una vida digna, pero común. El funcionario puede vivir bien, aunque no puede vivir con lujos, sabiendo que ese lujo es pagado con el esfuerzo de los contribuyentes. Ahí hay un punto superimportante: el Estado no es para hacerse millonario ni vivir de grandes lujos; para eso está la actividad privada, donde se debe arriesgar, invertir y ganar sin límite el dinero que la gente, de propia voluntad, entrega para comprar un bien o un servicio.

Aquí aparece la diferencia decisiva frente a los sistemas tradicionales. El salario político y el de los empleados públicos no se blinda, se ata. Aunque el salario mínimo se define como canasta, su pago efectivo depende de la recaudación real del Estado. Cuando la recaudación permite cubrir ese máximo, se paga en su totalidad; cuando no lo permite, se paga un porcentaje proporcional a lo recaudado. La regla es innegociable: el país nunca se endeuda para sostener sueldos políticos. Si la economía funciona bien, los funcionarios cobran el salario completo; si la economía se deteriora, los funcionarios cobran menos. De este modo, la política deja de estar protegida durante la tormenta y pasa a compartir destino con el ciudadano.

Este mecanismo produce dos efectos simultáneos. Por un lado, elimina el privilegio estructural, ya que el funcionario deja de vivir en un sistema inmune a la crisis. Por otro, crea un incentivo directo para cuidar la economía, porque la recaudación deja de ser una estadística abstracta y se convierte en una variable que incide en la vida del propio administrador.

Al mismo tiempo, el diseño evita el chantaje inverso, ya que el funcionario no puede inventar recaudación ni maquillarla sin que el sistema de trazabilidad lo exponga. En un Estado moderno, la recaudación se registra, se audita y se verifica, y un salario atado a ese dato solo funciona si la información es confiable, algo que se garantiza mediante transparencia fiscal, registros verificables y auditoría pública continua.

Con este esquema se persiguen objetivos que no son solo económicos, sino también morales e institucionales. Se alinean los intereses de los funcionarios con la realidad económica del país, de modo que cuando el país cae el sueldo político también lo hace, eliminando el desacople que permite decisiones irresponsables sin costo personal. Se garantiza, además, que ningún funcionario viva por encima del ciudadano promedio al que representa, ya que el funcionario puede vivir con dignidad, pero como parte del país y no como una clase superior, una regla simple que modifica de raíz el tipo de personas que buscan ocupar cargos públicos. Finalmente, se crea un incentivo concreto para gestionar bien la economía, porque el ingreso político depende directamente de la salud financiera del Estado y deja de ser un discurso para convertirse en una consecuencia personal.

En conjunto, esta definición construye una cultura institucional clara: la política no es una escalera patrimonial, sino una tarea de responsabilidad limitada y remunerada de manera razonable. Quien entra, entra para servir y sabe que no se quedará para siempre; quien entra entiende que, si el país sufre, su propio bolsillo también lo hace; y quien entra asume que no existe un refugio dorado mientras el ciudadano se hunde. Esa es la base mínima para reconstruir confianza, ya que sin compartir destino todo lo demás es cosmética, y con ese principio activo el sistema empieza a filtrarse por sí solo, expulsando a los oportunistas, incomodando a quienes buscaban privilegios.

CAPÍTULO 7
JUSTICIA, CEGUERA Y BALANZA

Durante más de dos mil años, la justicia ha sido representada con la misma imagen: una mujer, los ojos cubiertos, sosteniendo una balanza. La estatua no es decorativa. Cada uno de sus tres elementos transmite una idea precisa, y cada idea responde a un problema concreto que la civilización occidental nunca pudo resolver, hasta ahora

La figura es una mujer. En el simbolismo antiguo, la mujer representaba la vulnerabilidad: aquella cuya voz podía ser silenciada, cuyo cuerpo podía ser sometido, cuya presencia podía ser ignorada por el poder. La justicia fue tallada como mujer porque la justicia misma es frágil. Vulnerable a la presión política, a las amenazas económicas, a la influencia social, al miedo personal. Quien juzga no es un dios, sino un ser humano expuesto a todas las fuerzas que pueden torcer una decisión. Reconocer esa vulnerabilidad fue el primer paso. Protegerla, durante dos milenios, siguió siendo una aspiración imposible. La figura lleva una venda en los ojos. La venda no es ornamento. Es una renuncia voluntaria a la vista. No ver a quién se juzga. No ver el color de su piel, su sexo, su riqueza, su origen, su fama, sus conexiones políticas, sus enemigos o sus aliados.

LADY JUSTICE
LA JUSTICIA

La venda fue diseñada para neutralizar el prejuicio antes de que pudiera operar. Durante dos mil años, esa venda fue solo una metáfora moral: ningún juez de carne y hueso pudo verdaderamente dejar de ver. Sabía quién entraba a la sala, escuchaba el acento, reconocía el apellido, conocía la historia.

La figura sostiene una balanza. Solo después de proteger la vulnerabilidad y neutralizar el prejuicio, la balanza puede cumplir su propósito: pesar hechos. No personas, no simpatías, no presiones, solo hechos. La balanza mide lo que realmente ocurrió, no lo que es políticamente conveniente. Pero ninguna balanza puede operar honestamente si la mano que la sostiene está siendo presionada, o si los ojos de quien pesa están abiertos a la influencia externa.

Quien talló esa estatua hace dos mil años no pudo haber imaginado que algún día sería técnicamente posible cumplir lo que ella representa. No tenía herramientas para proteger al juez de la presión real, no tenía tecnología para ocultar la identidad sin destruir la verificación, no tenía forma de pesar los hechos sin que la mano humana introdujera sesgos. Hoy, por primera vez, esas herramientas existen. Las tres exigencias del símbolo —proteger la vulnerabilidad, garantizar la ceguera, asegurar el peso justo— pueden dejar de ser metáforas y convertirse en arquitectura técnica real. Este capítulo describe exactamente cómo.

La reforma judicial no es una pieza secundaria dentro de una propuesta de democracia tecnológica. Funciona como punto de apoyo. Un sistema político puede prometer participación, transparencia y control ciudadano; incluso puede construir herramientas para que la sociedad audite presupuestos, revoque apoyos o vote propuestas en tiempo real.

Sin embargo, si la justicia sigue atada a la política, o si la política conserva la capacidad de condicionar a la justicia, todo lo demás se reduce a una coreografía. La democracia se convierte en un conjunto de rituales: elecciones, discursos, comisiones y formalidades. La vida real, en cambio, transcurre allí donde se decide quién paga por una corrupción, quién responde por una estafa, quién queda impune por conexiones y quién es castigado por no tenerlas.

En programación existe un concepto simple: la referencia circular. Una fórmula que depende de sí misma no converge, no se resuelve, entra en bucle. Eso mismo ocurre cuando el poder judicial depende del poder político y el poder político, a su vez, convive con un poder judicial que puede ser removido, premiado o condicionado por la misma política. El sistema se autocorrompe. Las constituciones suelen decir cosas bellas: independencia de poderes, equilibrio institucional, separación clara entre ejecutivo, legislativo y judicial. En la práctica, los mecanismos de selección y permanencia de los jueces terminan siendo manipulados por la política.

En muchos lugares, además, los jueces son vitalicios o casi vitalicios. Un político puede perder una elección y desaparecer. El juez queda. Queda con privilegios, con redes, con influencia, con un sueldo muy por encima del promedio, con licencias y con una jubilación especial. Queda, también, frente a un dilema humano: a quién enfrentarse y a qué costo. Si una persona ocupa un puesto de élite, con garantías extraordinarias, y sabe que un fallo fuerte contra un poderoso puede detonar un juicio político, un ataque mediático o la pérdida del cargo, el incentivo a cuidarse es enorme. La mayoría cuida su lugar, muchas veces por miedo. El sistema actual está diseñado para que ese miedo sea racional.

Cuando eso ocurre, la liturgia institucional se derrumba. En teoría todos somos iguales. En la práctica, el peso no es el mismo. No pesa igual un ciudadano común que alguien con caja, contactos o protección. Y cuando la ley no se aplica de manera pareja, la democracia se convierte en injusta. Incluso si la justicia fuera formalmente independiente, persiste un problema más profundo: el humano. La justicia la ejercen personas. Las personas sienten, prejuzgan, se contaminan de contexto, de historia, de simpatías y de rencores. No es un insulto; es biología y cultura. Por eso propongo un diseño que reduzca esos sesgos mediante anonimato, distancia territorial y revisión cruzada.

Todo esto conduce a una discusión que muchos prefieren esquivar: la moral. La ley, por sí sola, no garantiza justicia. Que algo sea legal no lo vuelve bueno. Hubo épocas en las que la esclavitud fue legal, en las que las mujeres eran tratadas como propiedad y en las que matar a ciertos grupos ni siquiera era considerado crimen. Una sociedad necesita un piso común para sostener reglas civilizadas. Este punto es clave porque la democracia hackeada no la rompe el ciudadano honesto. La rompe quien no tiene freno moral. Cuando hablo de blindar la justicia, no hablo solo de sistemas. Hablo de frenos que impidan que el poder termine, una vez más, en manos del más inescrupuloso.

Por ese motivo, dentro de la democracia basada en tecnología que propongo, el sistema judicial no puede quedar a medio camino. Requiere un rediseño completo que lo separe de forma efectiva del poder político. Esta separación no solo busca impedir el abuso del político sobre el juez, sino también evitar que la justicia se transforme en una corporación intocable, encerrada en privilegios y protegida por su propia jerarquía.

El diagnóstico es directo. La selección actual de jueces, y sobre todo la forma en que se los vuelve casi inamovibles, tiende a generar acumulación de poder sin control. Un juez que sabe que no puede ser removido con facilidad, con el tiempo opera con un margen creciente de impunidad. En algunos casos se manifiesta como arbitrariedad abierta; en otros, como apatía, demora, tecnicismo excesivo o comodidad. El incentivo está mal diseñado. Cuando fallar mal no tiene costo, la prudencia se vuelve opcional.

A esta impunidad se suma un deterioro silencioso: la falta de actualización profesional. Sin rendición de cuentas seria y constante, parte del sistema se fosiliza. La doctrina se repite, el expediente se convierte en un mundo cerrado, la tecnología se ignora y la realidad social que se juzga queda reducida a un rumor lejano. En ese punto, la justicia deja de ser un servicio público y pasa a funcionar como un rito corporativo.

Luego aparecen privilegios desconectados del ciudadano común: salarios elevados, fueros, inmunidades y escasa rendición de cuentas concreta. El resultado se percibe incluso sin recurrir a estadísticas. Hay baja renovación del pensamiento jurídico, injusticias sin consecuencia, impunidad corporativa y protección mutua entre jueces y fiscales capturados por intereses. El daño final, el más grave, es la desconfianza ciudadana hacia la justicia. Cuando la sociedad deja de creer en la justicia, el contrato democrático se fisura. No porque la gente se vuelva contraria a la ley, sino porque percibe que la ley se aplica con pesos distintos.

Para justificar el giro radical que propongo, parto de un fundamento filosófico que también funciona como criterio institucional: no existen humanos supremos. Si no hay humanos supremos, tampoco puede haber jueces supremos. La idea de una corte en la cúspide, con capacidad de revertir todo el trabajo del sistema y definir con pocas firmas asuntos que afectan a millones de personas, representa la máxima concentración de poder jurídico y, casi siempre, de poder político encubierto. Esa concentración responde a una arquitectura heredada de otras épocas, cuando se asumía que solo un grupo reducido podía comprender el derecho o unificar criterios por limitaciones de información, distancia y tiempo.

Ese mundo dejó de existir. La velocidad de los datos, la capacidad de auditoría, la interconexión y la trazabilidad técnica permiten otra forma de control. Ya no resulta necesario un control vertical de pocos sobre muchos. Hoy es posible un control horizontal de muchos sobre muchos, bajo reglas claras, con rotación y trazabilidad. Por eso elimino la noción de una última palabra concentrada y la reemplazo por una red de revisión cruzada.

El mecanismo de apelaciones que planteo responde a una lógica simple. La autoridad jerárquica se sustituye por autoridad colegiada distribuida. Un juez dicta sentencia en primera instancia. Esa sentencia no queda firme por el solo hecho de haber sido emitida. Requiere ratificación por jueces independientes. La ratificación puede realizarse por mayoría simple de tres jueces como primer filtro frente a errores individuales o arbitrariedades.

Si alguna de las partes apela, el caso no asciende hacia una torre más alta. Se expande hacia una cámara colegiada masiva, seleccionada aleatoriamente dentro de un padrón nacional de magistrados activos. Esa cámara opera de forma digital, con una ventana temporal obligatoria para analizar, opinar y votar. La sentencia se considera firme cuando alcanza una mayoría calificada.

Este diseño tiene un efecto institucional profundo. La captura se vuelve impracticable a gran escala. Cooptar o presionar a un juez puede ocurrir en sistemas tradicionales. Cooptar una cantidad de magistrados, y además seleccionados al azar, de manera repetida, resulta extraordinariamente difícil. Además, el sistema introduce un incentivo clave: cada juez sabe que su fallo será revisado. La revisión deja de ser una excepción y se convierte en norma. No garantiza perfección, pero reduce de manera significativa el espacio para la irresponsabilidad.

Para sostener esta arquitectura, incorporo tecnología como herramienta estructural, no como adorno. Blockchain funciona como registro auditable e inmutable de procesos. La inteligencia artificial actúa como organizador neutral para distribuir causas, rotar revisiones, detectar contradicciones y evitar patrones manipulables. La premisa es clara. La inteligencia artificial no reemplaza el juicio humano. Su función es ayudar a que ese juicio ocurra en un entorno más justo, menos sesgado y menos capturable.

El diseño incluye un Registro Nacional de Jueces sobre infraestructura blockchain con validación periódica, junto con un sistema digital seguro de revisión judicial colectiva. También incorpora límites temporales obligatorios para emitir votos en apelaciones, por ejemplo quince días. La demora no puede seguir funcionando como instrumento de poder. Una justicia que se extiende indefinidamente se vuelve selectiva. Castiga a quien no puede sostener el costo del tiempo y protege a quien convierte el expediente en laberinto.

En este esquema, el ciudadano no necesita conocer nombres ni rostros para auditar. Lo que se audita es el proceso. Importa verificar que la causa fue asignada de forma aleatoria, que las revisiones existieron, que los votos se emitieron dentro del plazo, que la sentencia alcanzó el umbral definido y que no se repiten patrones sospechosos. La transparencia deja de ser una vitrina de identidades y pasa a ser una trazabilidad de reglas.

La revisión distribuida, sin embargo, resulta insuficiente si el ingreso al sistema continúa siendo opaco. Soy especialmente crítico del modo tradicional de designar jueces. Designaciones por dedo, ascensos por lealtad, ingresos prematuros sin experiencia real y carreras construidas desde la política erosionan cualquier intento de independencia. Una justicia independiente debe nacer independiente. Para lograrlo, el mecanismo de selección tiene que cumplir dos objetivos simultáneos: elevar de forma drástica la vara de idoneidad y cortar la militancia como canal de ascenso.

Defino entonces principios rectores que funcionan como estructura, no como eslogan. Meritocracia estricta, publicidad total del proceso, evaluación oral en tiempo real, participación masiva de pares, idoneidad demostrable mediante trayectoria, trazabilidad pública para auditar cada elección y posibilidad de objeción fundada por parte de la comunidad jurídica. A esto se suma un núcleo ético innegociable: cero militancia partidaria y cero nepotismo. Un juez no puede ser delegado de un partido ni producto de una red familiar. Además, debe existir ratificación y remoción ágil cuando el desempeño falla. Independencia no equivale a impunidad.

El requisito de ingreso es deliberadamente exigente. Se establece un mínimo de veinte años de ejercicio profesional como abogado matriculado. Se agrega una condición destinada a evitar carreras simuladas: no haber tenido más de noventa días sin actividad profesional relevante en los últimos veinte años. Se exigen antecedentes limpios, sin condenas penales ni causas abiertas por mala praxis. Se fija una prohibición política clara: no haber integrado partidos ni ocupado cargos de designación política. También se incorpora una cláusula de coherencia social: no haber sido beneficiario de planes sociales en los últimos diez años y presentar una declaración jurada pública de patrimonio y vínculos. El objetivo no es moralizar desde la sospecha, sino prevenir dependencias y redes de intercambio que suelen transformarse en presión o deuda.

El proceso de selección se realiza una vez al año en una Plataforma Nacional de Evaluación Judicial. No funciona como un examen aislado, sino como un evento institucional diseñado para reducir al mínimo la manipulación. Los aspirantes rinden de manera simultánea en salas separadas, insonorizadas y sin contacto entre sí. Decenas de jueces evaluadores, designados por sorteo nacional, participan sin vínculo previo con los candidatos. Con este esquema se rompe el circuito del tribunal amigo.

La evaluación central consiste en un examen oral en vivo, transmitido y grabado. Incluye cien preguntas formuladas en tiempo real por los jueces evaluadores, respondidas en cámara, en forma oral, sin preparación previa ni acceso a materiales externos. La lógica es simple y deliberada. Se busca medir pensamiento jurídico real, capacidad argumentativa, coherencia y solvencia bajo presión. Un juez no trabaja con guiones preparados. Trabaja con problemas cambiantes y decisiones que exigen razón pública.

Cada interrogatorio queda publicado en una plataforma oficial de acceso público. Junto a la respuesta completa del aspirante, se registra la evaluación individual de cada juez, con puntaje de cero a cien y una justificación escrita. El acceso al cargo queda reservado a quienes superen un promedio alto, por ejemplo ochenta puntos, y no presenten ninguna calificación inferior a sesenta. Este requisito es central. Evita que una brillantez parcial oculte vacíos graves. En la magistratura, el piso importa tanto como el techo.

Después de esa instancia, se abre un plazo de treinta días para objeciones fundadas. Este control combina disciplina profesional con transparencia. Solo abogados matriculados pueden presentar objeciones, que deben basarse en hechos verificables, como falsedad, incoherencia, contradicción o error grave. Una comisión técnica autónoma evalúa las objeciones en un plazo de quince días hábiles. Durante ese proceso, el acceso al cargo queda suspendido de manera provisoria. El diseño busca un equilibrio preciso: permitir que la comunidad jurídica filtre irregularidades reales sin convertir el proceso en linchamiento ni en guerra de rumores.

Los jueces que superan el proceso ingresan a un Registro Nacional de Magistrados Elegibles y comienzan funciones al año siguiente, según vacantes. Cada elección queda documentada de manera permanente, no solo como archivo histórico, sino como base para auditar el desempeño futuro. La selección se convierte en trazabilidad: queda claro cómo ingresó un juez, con qué puntajes, con qué objeciones y con qué respuestas públicas.

Hasta aquí, el diseño parece cerrar. Aun así, conviene conservar una tensión, porque revela honestidad conceptual. Separar la justicia de la política implica, en los hechos, otorgarle muchísimo poder a una sola profesión: la abogacía. Esto puede ser criticado como elitismo. Lo reconozco sin rodeos. Tal vez sería más justo que participen profesionales de otras áreas en la elección de jueces. También es posible que aparezca resistencia ante la idea de que «los universitarios» eligen magistrados, o que alguien objete que se crea una élite. En su formulación inicial, esta propuesta toma una decisión pragmática: si el poder político controla la selección o la remoción, la independencia se rompe. Por lo tanto, la selección debe quedar en manos de quienes se dedican a la justicia, bajo filtros tan exigentes que el privilegio no se convierta en impunidad, sino en responsabilidad.

Esta elección se apoya en un razonamiento económico y cultural. Si ser juez se vuelve un privilegio profesional, con trabajo remoto, buen salario y estabilidad condicionada, muchos abogados competirán y elevarán su formación para alcanzar el estándar. Eso obligaría a revisar, de manera indirecta, la calidad de la carrera de Derecho, hoy muchas veces degradada por titulaciones rápidas, bajo nivel y ética débil. Dicho de otro modo, la meritocracia judicial empuja, por presión de incentivos, una mejora educativa previa. No nace del romanticismo, nace de la competencia.

Ahora bien, un filtro meritocrático no alcanza si la misma profesión termina convertida en corporación. Para evitarlo, incorporo un elemento disruptivo: el anonimato estructural del juez. Aquí aparece el salto que más incomoda al sentido común, porque desafía la idea tradicional de autoridad visible. La lógica interna, sin embargo, es coherente. La justicia debe operar libre de presiones políticas, económicas, sociales, territoriales o mafiosas. Un juez identificable es un juez presionable, esa es la realidad dura.

En un sistema judicial anónimo, con garantías criptográficas, ningún juez debe ser identificado por nombre, rostro o domicilio real. Se lo conoce únicamente por un identificador digital cifrado, similar a una billetera en blockchain. Sus fallos están disponibles públicamente, pero no se vinculan a su identidad física. La función se separa de la persona.

Este anonimato se refuerza con otra regla: obligación de ejercer desde otra ciudad. El juez se asigna a una jurisdicción distinta de su lugar de residencia permanente. Con esto se reducen vínculos sociales, familiares, políticos y económicos con la zona que debe juzgar. En regiones pequeñas, donde todos se conocen, este punto es decisivo. Se corta el circuito del favor local, del pariente, del conocido, del empresario de siempre y del operador territorial.

Para que esto sea viable, el Estado instala en el domicilio del juez una oficina judicial personal con seguridad criptográfica. No se trata de una computadora común, sino de un entorno blindado: conexión satelital cifrada, servidor cerrado sin acceso desde redes públicas, software judicial estandarizado y auditable, controlado por una red descentralizada, y una cámara de seguridad para grabación de actos judiciales sin exponer la identidad. La intención no es vigilarlos como sospechosos, sino asegurar integridad procedimental y evitar que el juez sea interceptado o extorsionado por canales informales.

La asignación de causas ocurre de manera aleatoria desde el sistema central. Ese sistema verifica conflictos de interés y bloquea comunicaciones externas no autorizadas. El juez no elige causas y las causas no encuentran juez por cercanía. Esto reduce la posibilidad de direccionar expedientes hacia magistrados funcionales.

Cuando el juez emite un fallo, lo firma con su clave criptográfica privada. La firma garantiza autenticidad e inmutabilidad del documento y permite la verificación pública de que el fallo proviene de un juez habilitado sin revelar quién es. En analogía con blockchain, el identificador digital del juez funciona como billetera; la clave privada, como firma; la oficina segura, como nodo descentralizado; la red de jueces interconectados, como red; y el registro inmutable, como trazabilidad pública sin autor. Incluso es posible automatizar aspectos procedimentales mediante smart contracts, sin sustituir la decisión humana de fondo.

La protección del anonimato se vuelve norma estricta. Si la identidad del juez se hace pública por cualquier medio, se lo remueve de la jurisdicción de inmediato y se le asigna una nueva función, un nuevo código y una nueva oficina. No es un castigo moral, es un protocolo de seguridad. Un juez expuesto es un juez presionable. La exposición, en este diseño, se trata como una vulneración estructural.

Aun así, aparece una objeción inevitable. Si el juez es anónimo, ¿cómo se lo controla? La respuesta es que el control no debe ser personalista, sino procedimental. No se controla al juez por su nombre, se controla la calidad de sus fallos mediante revisión cruzada. En consecuencia, el mecanismo de control y remoción se vuelve permanente. El principio es tajante: independencia judicial no significa inamovilidad. Un juez debe rendir cuentas de manera constante. El desempeño se mide por la calidad de sus fallos y su coherencia con el sistema jurídico. La justicia no es un trono, es un servicio.

En este modelo, todo fallo dictado por un juez debe ser revisado antes de quedar firme por una comisión rotativa de cinco jueces anónimos, asignados aleatoriamente por un sistema de inteligencia artificial. La comisión no conoce la identidad del juez que emitió el fallo ni la identidad real de los otros revisores. Evalúa únicamente el texto, la argumentación, la legalidad y la coherencia. Con esto se reduce el sesgo de amistades, rivalidades, escuelas, apellidos o alineamientos.

La inteligencia artificial cumple una función específica: generar combinaciones únicas de jueces para evitar repeticiones, favoritismos o patrones manipulables. Ningún juez puede revisar dos veces seguidas fallos del mismo magistrado. La repetición es el germen de la camarilla. La aleatoriedad, bien ejecutada, destruye la posibilidad de pactos duraderos.

La evaluación técnica del fallo se realiza con criterios explícitos: conformidad legal, claridad argumentativa, consistencia con la jurisprudencia vigente y respeto al debido proceso, cada uno con puntaje de cero a cien. La comisión decide por mayoría si el fallo queda aprobado o rechazado. La revisión pasa a ser rutina, no excepción.

El sistema también detecta anomalías sistemáticas. No busca expulsar por un error puntual; busca identificar incompetencia persistente o desviación grave. El material define un umbral: si un juez acumula cuatro o más fallos rechazados por cada diez consecutivos, es decir, más del 35 % de fallos no aprobados, el sistema lo marca como potencialmente inidóneo. La consecuencia es automática. El juez reingresa al proceso de evaluación pública junto con nuevos aspirantes en la siguiente convocatoria anual y queda suspendido de manera preventiva hasta revalidar. Debe pasar por una nueva evaluación oral pública, una nueva revisión ciudadana y un nuevo período de prueba de un año con revisión reforzada.

Para evitar abusos o venganzas internas, se agregan garantías procesales. El juez puede presentar una defensa escrita y oral, transmitida en la plataforma pública. También puede solicitar una segunda revisión de los fallos cuestionados por otra terna aleatoria. Si se confirma la anomalía, el proceso de revalidación sigue su curso. El objetivo es que la remoción no sea discrecional, sino trazable.

Este punto se entiende mejor al compararlo con sistemas donde la remoción está en manos de órganos politizados. En algunos países existen consejos de la magistratura, o estructuras similares, que en la práctica son manejadas por políticos o por acuerdos partidarios. Ahí aparece el dilema. Si un juez debe juzgar a un político y sabe que ese político puede activar mecanismos para desplazarlo, el juez pierde libertad real. Puede quedar paralizado, autocensurarse o volverse funcional. Esta propuesta corta ese nudo. Los políticos no deben tener herramientas para remover jueces. La remoción debe depender de métricas de desempeño revisadas por pares, con procesos públicos de revalidación.

Hasta aquí, el modelo ya es robusto, pero todavía falta un componente para evitar la degradación con el tiempo: la escalabilidad controlada. Un sistema de asignación aleatoria y rotación constante solo funciona con masa crítica suficiente. Si el cuerpo judicial es pequeño, la aleatoriedad se reduce a combinaciones repetidas. Por eso incorporo una norma organizativa: sobredimensionar estratégicamente el cuerpo judicial en un 35 % por encima de lo necesario bajo estándares tradicionales.

Ese excedente cumple tres funciones simultáneas. En primer lugar, asegura aleatoriedad real en la asignación de roles. En segundo lugar, distribuye independencia funcional. No debe haber jueces especialistas permanentes en selección ni dueños de la apelación. En tercer lugar, ofrece resiliencia operativa: garantiza redundancia para cubrir bajas, reubicaciones o sanciones sin colapsar.

La idea no es inflar burocracia. La intención es crear redundancia para que la rotación sea posible. En el ejemplo del material, si el sistema tradicional requiere mil jueces, el sistema propuesto requeriría mil trescientos cincuenta jueces activos. Ese 35 % adicional rota roles. No necesariamente juzga todo el tiempo, pero entra en funciones para procesos complejos, evaluaciones cruzadas, reemplazos y auditorías internas. Así se evita la existencia de posiciones fijas de poder.

Además, propongo un flujo funcional rotativo: cada juez rota de funciones una vez al año. No se puede rotar a un juez en medio de un juicio, eso sería absurdo. Por eso la rotación se planifica: se esperan los cierres de las causas en curso, se completan los temas asignados y recién entonces se ejecuta el cambio. Todo es auditable y trazable, pero anónimo. El sistema se autorregula para que ninguna persona acumule posiciones de influencia recurrente. En otras palabras, si la concentración es el problema, la rotación es la vacuna.

A esta altura, la intención global queda clara: separar por completo la política de la justicia. En este diseño, la justicia deja de ser escalera para el ascenso partidario y deja de ser botín de guerra. La política, a su vez, pierde la capacidad de disciplinar jueces mediante remoción discrecional o presiones indirectas. El poder se redistribuye, no hacia una corte más fuerte, sino hacia una red más amplia y menos capturable.

Esta propuesta tiene un costo y no lo escondo. La justicia recibe muchísimo poder, porque se convierte en el eje de estabilidad del sistema. En una democracia tecnológica, donde el ciudadano puede controlar a sus representantes, revocar apoyos y auditar decisiones, la justicia funciona como último dique frente a la trampa sistemática. Por eso insisto en controles fuertes, anonimato y meritocracia pública.

También conservo una advertencia sin maquillaje. Ningún sistema será perfecto. El ser humano siempre buscará la forma de torcer las reglas. No se trata de eliminar esa tendencia, eso sería ingenuo, sino de diseñar un sistema donde hacer trampa sea más difícil, más costoso y más fácil de detectar. Si logramos que el nuevo diseño cierre ocho de cada diez vulnerabilidades que hoy están abiertas de par en par, el avance ya es histórico. Ese salto no se apoya en discursos, se apoya en la ingeniería institucional y tecnología bien usada.

Prefiero cerrar con una imagen simple. Una justicia sin caras que puedan comprarse, sin apellidos que puedan presionarse y sin cúpulas que puedan capturarse. Una justicia donde el fallo no es la palabra sagrada de un individuo, sino el resultado revisado de una red. Y una justicia donde ingresar es difícil, permanecer exige rendimiento y el privilegio de decidir sobre otros queda condicionado, de forma permanente, a demostrar capacidad.

A esta altura, los tres elementos del símbolo bimilenario ya no son metáforas. La vulnerabilidad del juez está protegida por arquitectura técnica: oficina blindada, asignación a otra ciudad, comunicaciones encriptadas, identidad oculta. La ceguera está garantizada por blockchain: ningún juez ve al juzgado, y nadie puede ver al juez. Y la balanza ya no depende de una sola mano humana: la pesa una red rotativa de pares anónimos, evaluando hechos contra reglas explícitas. Lo que fue tallado en piedra hace dos mil años como aspiración, hoy es código auditable.

Si estás pensando que este sistema crea una élite, la respuesta es sí. La diferencia es que esta élite no se hereda, no se compra, no se negocia y no sobrevive sin demostrar competencia todos los años. No es una casta por privilegio. Es una exigencia por diseño.

CAPÍTULO 8
SISTEMA FISCAL Y MONETARIO

El sistema fiscal es uno de esos lugares donde la política muestra, sin maquillaje, cuán lejos está de la vida real. Se habla de «justicia social», de «solidaridad», de «progresividad» y de «derechos adquiridos» y, mientras tanto, el ciudadano común vive atrapado en un laberinto de impuestos superpuestos, cargas ocultas y reglas que cambian según la conveniencia del poder de turno. La consecuencia no es abstracta, se vuelve cada día más difícil contratar, producir, ahorrar y planificar. La economía termina funcionando con miedo y con cansancio.

El punto de partida es incómodo, pero necesario: las necesidades son infinitas y los recursos son finitos. Esa frase, que parece una obviedad, funciona como antídoto contra la fantasía presupuestaria. Un Estado no puede prometer cualquier cosa porque no existe un pozo sin fondo. Cuando el Estado se comporta como si pudiera garantizarlo todo, termina haciendo siempre lo mismo: sube impuestos, se endeuda o imprime dinero sin respaldo. Y cuando hace eso, empobrece a quienes producen, castiga a quien cumple, premia a quien presiona y mete a todos en una rueda que nunca se detiene.

En ese contexto, la reforma fiscal no es un apéndice técnico. Es una pieza central del sistema. La democracia no se sostiene con discursos, se sostiene con incentivos. Si se diseña un esquema donde quien trabaja y produce paga cada vez más, mientras otros se dedican a administrar y repartir sin crear valor, el resultado es previsible: cae la productividad, cae el ahorro, cae el capital, cae la inversión y cae el empleo. Cuando todo eso cae, la política se vuelve todavía más agresiva, porque necesita exprimir más para sostener el mismo nivel de gasto. La espiral termina en pobreza y conflicto.

Pienso en un ejemplo simple: un café. Vendes un café a dos euros. Parece una cifra pequeña, pero detrás de esos dos euros hay alquiler, servicios, mercadería, mantenimiento y, sobre todo, impuestos. Supongamos que necesitas pagar un salario de mil euros. Para pagar un solo sueldo terminas teniendo que vender dos mil cafés y eso, a veces, es imposible.

Luego aparece la paradoja. La persona que recibe esos mil euros te dice que es un salario miserable, que ese dinero no le alcanza. Sin embargo, muchas veces el problema no es el salario en sí. El problema está detrás. Por cada mil que pagas, terminas pagando seiscientos más, o lo que corresponda según el país, en cargas que el empleador deposita al Estado, pero que el empleado no recibe.

Detrás de eso aparece una realidad todavía más absurda: el empleador termina pagando mil ochocientos por ese mismo empleo, mientras al empleado le llegan mil. El empleado siente que cobra poco. El empleador siente que lo están asfixiando. Ambos tienen razón, porque el diseño es una máquina de extracción.

Luego llega el segundo golpe. Ese empleado sale con sus mil euros y vuelve a pagar impuestos cuando consume. IVA, impuestos internos, tasas, recargos y otra vez la misma mano en el bolsillo. El sueldo no alcanza, pero siempre el único culpable de que no alcance son los impuestos, que están invisibles a simple vista del ciudadano.

La idea estructural es simple: un sistema impositivo tiene que ser radicalmente más simple. La simplificación no es un capricho estético, es una forma de devolver responsabilidad a las personas y de quitarle margen de maniobra a la clase política para crear «impuesto sobre impuesto» cada vez que necesita financiar su propia expansión.

Esa devolución de responsabilidad exige una condición previa: educación desde la primaria, sin eufemismos. Si alguien quiere una jubilación digna, necesita aprender que el ahorro forma parte de la vida adulta. No se trata de romantizar la dureza, se trata de aceptar la realidad matemática. La jubilación no puede depender de una promesa estatal sostenida con dinero ajeno. El Estado no puede «garantizar» jubilaciones altas de forma universal sin convertir ese compromiso en deuda, inflación o presión fiscal creciente.

Existe una alternativa realista y fácil de entender. Si alguien quiere tener una jubilación, ahorra e invierte. Puede hacerlo a través de una empresa, de un fondo de inversión o de un instrumento diversificado. Si no se confía en un fondo, se puede optar por activos más tangibles: lingotes, monedas de oro, lo que sea. Incluso se puede construir un departamento para alquilarlo en el futuro. El mecanismo puede variar. El principio no: el Estado no debe administrar tu dinero.

En ese marco, el sistema impositivo que propongo se apoya en tres palabras inseparables: cripto, trazable y funcional. Funcional significa que sirva para recaudar lo necesario sin destruir la economía real. Trazable significa que el ciudadano pueda ver qué pasa con su dinero. Cripto significa que la tecnología se use para blindar procesos, reducir corrupción, automatizar lo razonable y cerrar la evasión estructural.

Hay un punto donde la discusión se vuelve moral y jurídica al mismo tiempo: el impuesto a las ganancias no tiene que existir como existe hoy. Gravar «ganancias» o rentas con escalas progresivas se vende como justicia, pero en la práctica suele violar la igualdad ante la ley. La ley, para ser ley, tiene que ser pareja para todos.

Alguien escribe libros, trabaja mejor, al público le gusta su trabajo y empieza a ganar quince o veinte mil euros por mes. Entonces aparece el Estado y dice: «Perfecto, ahora pagas el cincuenta por ciento». En paralelo, otra persona gana cinco mil y paga poco o nada. ¿Quién define ese umbral? ¿Con qué criterio? ¿Por qué quien produce más valor debe ser castigado? Esa lógica introduce un incentivo perverso: castiga al responsable y premia al menos productivo.

Se suele justificar con la frase «el que más gana contribuye más». Suena bien en un cartel. En la práctica empuja a que las personas y empresas más productivas se muden a otros países. El resultado es siempre el mismo: el país pierde capital, talento, inversión y empleo. Cuando eso ocurre, el Estado se vuelve más voraz con quienes quedan. Así se destruye una sociedad desde adentro.

Quien gana más puede aportar más, ese argumento parece razonable solo en abstracto. Cuando se lo baja a la vida real, se convierte en una máquina de distorsión. Si alguien gana diez veces más porque trabaja más, arriesga más o construye una empresa que emplea personas, el castigo no solo es injusto: es contraproducente. Además, empuja a los más productivos a salir del sistema, a cambiar de jurisdicción o a transformar la economía en un juego de ingeniería fiscal.

Por eso, el sistema fiscal tiene que tratar igual a todos. Si existe un impuesto, existe para todos con el mismo porcentaje. No para el que más gana, no para el que menos gana, no para el amigo del poder. Igual para todos. Esa es la base de la legitimidad.

La progresividad creciente en impuestos introduce trato desigual. Pero, si lo pensamos matemáticamente, siempre quien más gana más paga, ya que el mismo porcentaje en términos absolutos, aplicado a quien gana veinte mil, será mucho más de lo que pague si gana cinco mil.

No hace falta castigo progresivo para lograr mayor aporte absoluto. Por eso, una regla simple: todos pagan el mismo porcentaje. La ley es pareja. La responsabilidad es pareja. La trazabilidad es pareja. El privilegio es cero.

De todo esto surge la primera decisión estructural: eliminar por completo el impuesto a las ganancias, cualquiera sea su nombre. Impuesto a las ganancias, income tax, renta, utilidades, según el país. La idea es la misma: cobrar más por ganar más. Ese principio, además de desincentivar, introduce una desigualdad legal de fondo. La ley, para ser ley, tiene que ser pareja. Si el Estado define que la misma conducta, ganar dinero con trabajo o con empresa, se castiga de manera distinta según el resultado, deja de aplicar una regla general y pasa a aplicar un criterio moral arbitrario.

- Se elimina totalmente el impuesto a las ganancias
- No habrá aumento de impuestos en función del ingreso personal ni empresarial.
- Nadie paga más por ganar más.
- Se elimina la progresividad fiscal tradicional, por ser injusta y desincentivadora.

El esquema que propongo elimina la recaudación por capas políticas. No puede existir un Estado donde la nación cobra, la provincia cobra, el municipio cobra y cada capa inventa su propio recargo. Eso es «impuesto de impuesto de impuesto». Es un diseño pensado para que cada escalón del poder tenga su caja. Cuando cada escalón tiene caja, aparece la lógica natural del político ladrón: mantenerla y expandirla.

Por ese motivo, se elimina la superposición. Provincias y municipios no recaudan. No existen ingresos brutos, tasas municipales arbitrarias, rentas provinciales, inmobiliarios, automotores, patentes disfrazadas ni contribuciones encubiertas. Todo eso desaparece. En su lugar, se establece un sistema impositivo nacional con pocos componentes claros. El principio es simple: pocos impuestos, visibles y sin dobles cargas.

Si no se grava el ingreso, se grava el gasto. Ahí aparece el reemplazo. En lugar de castigar el ingreso, se aplica un Impuesto Único del 10 %, únicamente sobre el consumo. La lógica es sencilla y poderosa. Quien decide gastar, aporta. Quien decide ahorrar no es castigado. El resultado es un estímulo directo al ahorro, a la inversión y al trabajo productivo. No se persigue a quien crece; se grava el acto voluntario de consumir.

Este Impuesto Único del 10 % funciona sin el caos de regímenes, excepciones arbitrarias, tasas múltiples y capas regionales. Es un impuesto simple, visible y automático, y se cobra en el acto de pago.

El objetivo no es solo recaudar. El objetivo es eliminar el terreno fértil donde hoy se esconden la evasión, la corrupción y la burocracia. Un sistema con miles de reglas, escalas y categorías crea un mercado paralelo de intermediarios, gestores, arreglos y trampas. Un sistema simple reduce el costo de cumplir, reduce el costo de controlar y reduce el espacio para la discrecionalidad.

La justicia fiscal se logra aplicando una regla uniforme y evitando que el Estado invente castigos selectivos. En este esquema, todos pagan lo mismo. Eso elimina el juego de «a este lo exprimimos» y «a este lo dejamos pasar».

La simplicidad no significa insensibilidad. Hay consumos que, por su naturaleza, no deben encarecerse con ningún impuesto. Son pocos, y la razón de cada uno es concreta. Por eso se establece una lista breve de bienes y servicios exceptuados del impuesto:

- alimentos esenciales
- medicinas y productos farmacéuticos
- servicios médicos y hospitalarios
- celulares y computadoras

La salud no se negocia: gravar medicamentos o consultas médicas es castigar al enfermo por estar enfermo. Y la inclusión digital no puede ser un discurso vacío: si el sistema político y económico opera sobre plataformas digitales, entonces el acceso a dispositivos debe ser parte del piso de ciudadanía, no un privilegio.

En cambio, la energía, el combustible y los servicios básicos sí tributan. Son consumos universales, pero no son excepciones justificables: su uso varía enormemente según el nivel de vida, y eximir a quien consume poco también exime a quien consume mucho. El Impuesto Único del 10 % los alcanza por igual, y la progresividad real se da por volumen: quien más gasta, más paga.

Al mismo tiempo, estas excepciones deben protegerse de abusos. Una cosa es resguardar lo esencial; otra, permitir que una excepción se convierta en un canal de evasión. El diseño incorpora un criterio de razonabilidad: lo esencial se protege dentro de márgenes de consumo normales. No se trata de vigilar a la familia, sino de impedir que una excepción se transforme en un agujero.

Una democracia sana no puede construir ciudadanía a partir de incentivos de dependencia. Si el voto queda en manos de quienes reciben subsidios, el incentivo es obvio: «voto al que me ofrezca más subsidios». El político que quiere ganar elecciones aprende rápido, aumenta subsidios, financia esos subsidios con más impuestos o con deuda y compra más votos. El sistema se convierte en una espiral que desemboca en socialismo, destrucción del ahorro, destrucción del capital, destrucción de la productividad y destrucción total de la sociedad. No es una exageración retórica, es una mecánica.

Como expuse en el capítulo sobre el voto, quien administra recursos públicos debe haber demostrado capacidad productiva real. A su vez, se exige una condición central: trazabilidad pública en tiempo real. La trazabilidad no es un lujo, es la única forma de que el ciudadano vuelva a creer que no lo están saqueando.

El sistema se apoya en que la economía opere mayoritariamente en redes digitales: pagos, sueldos, ventas, alquileres, transacciones. Todo pasa por el sistema digital nacional. Cada transacción queda registrada en una red blockchain pública, auditable y anonimizada. El punto es importante: se registra la operación sin revelar al comprador. Se puede auditar el flujo sin destruir la privacidad.

Esto tiene una consecuencia inmediata: la evasión se vuelve más difícil. No es posible evadir si todo opera digitalmente, salvo que se opere en negro. Operar en negro se persigue automáticamente mediante una IA fiscal que detecta patrones de incongruencia, ingresos no declarados, transferencias atípicas, acumulaciones patrimoniales sin respaldo, duplicaciones o estructuras de evasión.

La recaudación se apoya en un hecho técnico y social básico. Todos los pagos, sueldos, ventas, alquileres y transacciones pasan por el sistema digital nacional. Cada operación se registra en una red blockchain pública, auditable y anonimizada. La evasión deja de ser un deporte masivo sostenido por la complejidad legal y pasa a ser, básicamente, operar en negro. Y operar en negro se vuelve detectable por contradicciones patrimoniales y patrones de flujo.

El segundo núcleo del sistema fiscal es presupuestario. No se puede administrar como si la recaudación fuera fija. La vida no es fija. La economía se mueve por temporadas. El invierno cambia cosas, el verano cambia cosas. Hay años buenos, años malos, eventos imprevistos, crisis, modas y cambios tecnológicos. Aun así, el empleado público suele tener un «fijo». Y todo aquel que tiene un fijo vive sobre las espaldas de quienes no lo tienen: emprendedores, independientes y trabajadores que salen a buscar trabajo todos los días. La política se arma una isla de estabilidad pagada por la incertidumbre ajena.

La regla es simple y no tiene interpretación: el Estado no puede gastar más de lo que ingresa. Nunca. Jamás. La regla madre del sistema es esta: el presupuesto del Estado no es un número imaginado por un despacho, es exactamente el dinero que entra.

Si en un período entran cien, el presupuesto total es cien. No ciento veinte, no ciento cincuenta, no «lo cubrimos con deuda», no «lo tapamos con emisión». Bajo ninguna circunstancia se gasta por encima de lo recaudado. Y si no alcanza, no alcanza. Se ajusta el gasto, se reordenan prioridades o se espera a que la economía real vuelva a generar recursos. Ese límite no es ideológico: es matemático.

Cuando esta regla no existe, el sistema se vuelve inestable. Se aprueban presupuestos irreales, se gasta como si el dinero fuera infinito y, cuando la realidad golpea, aparecen los atajos. Esos atajos siempre son los mismos: deuda, emisión, inflación. Y ese triple atajo destruye la confianza, destruye el ahorro y destruye el futuro.

Un presupuesto basado en recaudación real obliga a la política a comportarse como se comporta cualquier familia o cualquier empresa responsable: se administra lo que hay, no lo que se desea. Las necesidades son infinitas, pero los recursos son finitos. Negar eso es negar la realidad.

Un ejemplo ayuda a verlo con claridad. Un país pequeño, en promedio, recauda 2.000.000 de dólares por mes al año. Sin embargo, la recaudación dentro del año es desigual. Al tratarse de un país turístico, diciembre y julio concentran el 80 % de la recaudación. El resto de los meses se recauda poco. Además, si se observan los últimos diez años, aparecen variaciones. Un año se recauda 1.000.000, otro 500.000, otro 3.000.000, otro 2.000.000. La realidad es variable.

En ese escenario, si el gobierno dice «aprobamos un presupuesto fijo de 2.000.000», puede estar construyendo una mentira estadística. Puede explotar un volcán, puede haber ceniza, pueden caer vuelos, puede caer el turismo. La conclusión es ineludible: no se puede hacer un presupuesto en función de un monto fijo. Lo único serio es trabajar con porcentajes y con márgenes de seguridad.

En lugar de prometer gastos fijos sobre recaudación variable, el diseño razonable es este. Se toma el promedio histórico, se realiza un análisis estadístico, se adopta un margen de seguridad y se trabaja con una cifra conservadora. Si el promedio fue 2.000.000, se decide repartir 1.500.000, por precaución. Los 500.000 restantes, si ingresan, van a un fondo de depósito para contingencias, un fondo que permite paliar los momentos de baja recaudación.

Sobre todo, el gasto se asigna en porcentajes, no en montos. Si a salud se le asigna un X % de lo recaudado, esa es la prioridad. Si a educación se le asigna un X %, también. Si a seguridad se le asigna el X %, queda claro. Lo importante es que quienes trabajan en salud, educación o seguridad entiendan que su salario es un porcentaje de la recaudación. Debe estar explicitado: «cobras el 0,1 de X % de la recaudación». Transparente.

Una posible distribución podría ser:

- 20 % Justicia

- 30 % Educación
- 30 % Salud
- 20 % Infraestructura

Cuando la recaudación baja, se cobra un poco menos. Cuando la recaudación sube, puede existir un plus pequeño, pero gran parte del excedente alimenta el fondo de contingencia para sostener estabilidad. Ese es el único modo de evitar la trampa de siempre: cuando no alcanza, pedir dinero prestado, subir impuestos o imprimir dinero.

Ahora bien, no se trata de vivir al día. Todo sistema responsable necesita previsión. La vida económica atraviesa ciclos, temporadas, crisis y eventos inesperados. Por esa razón resulta sensato incorporar un margen de reserva, evitando gastar la totalidad de lo recaudado en gasto corriente. Guardar una parte como fondo de contingencia permite afrontar emergencias reales. En el fondo, un Estado que no puede endeudarse necesita, por diseño, un mecanismo de estabilidad.

Esa previsión no puede convertirse en una caja negra. Debe ser transparente y existir como fondo de reserva trazable, con reglas claras, de modo que la contingencia no se transforme en excusa para el saqueo.

En ese marco, aparece uno de los puntos más sensibles del diseño: la relación entre el sector público y la realidad económica. Uno de los grandes desequilibrios de los sistemas actuales es la asimetría moral entre el sector privado y el sector público. En el ámbito privado, cuando la economía cae, cae la actividad, caen las ventas, cae la demanda y caen los ingresos. El emprendedor, el comerciante o la empresa sienten la realidad en el cuerpo.

En el sector público, en cambio, muchas veces la realidad no llega del mismo modo. Se sostienen sueldos fijos, se mantienen estructuras fijas y se consolida la idea de que el Estado funciona como una isla. Sin embargo, el Estado no produce dinero: lo recauda. Al depender de la economía real, no puede blindarse frente al ciclo.

Por esa razón, en este modelo los empleados públicos no tienen privilegios frente al sector privado. La regla es directa: si cae la recaudación del país, los sueldos del Estado caen en la misma proporción. Si la recaudación disminuye un 20 %, todos los salarios públicos bajan un 20 %, sin excepciones.

Del mismo modo que el sector privado sufre cuando la economía se contrae, el Estado también debe hacerlo. Ese ajuste no es una crueldad, sino la única forma de alinear incentivos. Cuando el Estado se blinda y el sector productivo se hunde, el sistema premia la dependencia y castiga la producción. Ese camino siempre termina mal.

En este diseño no existe un piso salarial garantizado en el sector público como privilegio estructural. Sí existe un techo máximo basado en porcentajes del presupuesto. Tampoco existe un mínimo garantizado por decreto, como si la recaudación fuera fija. La recaudación no es fija. La vida no es fija. La economía tiene estaciones, los ciclos cambian y el mundo cambia.

Cobrar impuestos, incluso pocos, no sirve si el ciudadano no ve qué pasa con esa recaudación. La trazabilidad es el corazón moral del sistema. Cada recaudación tiene una etiqueta de origen, por ejemplo, «Impuesto Único de zona 4», y una etiqueta de destino, como «asignado al hospital X». Esa etiqueta no es un folleto ni una promesa política: es una marca auditable. La plataforma de participación ciudadana permite ver en qué se gastan los impuestos, votar prioridades locales y auditar gastos de forma visual y automática.

Esa transparencia no puede ser parcial. Quien quiera trabajar como empleado público tiene que firmar una autorización explícita por la cual todo el dinero que cobre, todo viático, todo gasto asociado y todo recurso asignado pasan a ser públicos. Absolutamente públicos. La sociedad tiene que saber en qué se gasta, porque el Estado no tiene derecho a esconder gastos cuando el dinero proviene del esfuerzo ajeno.

Los ejemplos de despilfarro son innumerables y, justamente por eso, resultan pedagógicos. Gastar ocho mil dólares en comida para una presidencia no es un «error administrativo», es robo y abuso. Cuando el dinero lo administra un delincuente, lo único que piensa es en robar y despilfarrar. La única forma de cortar esa lógica no es apelar a la ética, sino eliminar la opacidad y automatizar el control.

En este diseño, la IA fiscal cumple un rol específico. Detecta duplicación de ingresos no declarados, evasión estructural, transferencias atípicas y acumulaciones patrimoniales sin respaldo. Puede proponer multas automáticas o revisiones judiciales a cargo de jueces anónimos. El objetivo no es perseguir al ciudadano común, sino dejar de premiar al tramposo profesional.

Este punto no admite negociación. No pueden existir privilegios ni regímenes especiales. No pueden existir exenciones para políticos, jueces, sindicatos, iglesias ni militares. No pueden existir jubilaciones de privilegio ni monotributos especiales diseñados para beneficiar a determinados grupos. Toda persona y toda empresa tributan bajo las mismas reglas.

Las jubilaciones de privilegio son uno de los símbolos más obscenos del sistema viejo. La idea de que alguien que destruyó un país, que administró mal, que robó o que no produjo termine cobrando diez mil euros por mes de por vida, pagados por el resto de la población, es inaceptable. Quien quiera jubilarse con ese nivel de ingreso tiene que invertir, producir o asumir riesgo en un fondo, del mismo modo que lo hace cualquiera. Eso es un problema individual, no una obligación social.

Bajo esta lógica, el Estado no banca jubilaciones. Cero. Aunque suene duro, es coherente con todo lo anterior. Cuando el Estado promete jubilaciones que no puede garantizar, termina robando por otras vías: imprime dinero, genera inflación, toma deuda y termina hipotecando el futuro.

La simplificación reduce, además, el aparato estatal recaudador. Menos intermediarios, menos oficinas, menos gestores y menos estructuras cuyo único fin es sostenerse a sí mismas. La recaudación automática y la declaración gestionada por IA recortan burocracia. Se termina el sistema que vive de complicar la vida del ciudadano para justificar su propia existencia.

Aquí es donde cambia la dirección. La reforma fiscal, por sí sola, no alcanza si la moneda sigue siendo manipulable. El impuesto puede ser perfecto, pero si el gobierno puede emitir dinero sin límite, el ciudadano paga igual, solo que no lo ve. Paga con inflación, con pérdida de poder adquisitivo, con salarios que se licúan y con ahorros que se disuelven. Por eso, el sistema monetario tiene que ser coherente con el sistema fiscal. Esa coherencia exige una moneda que no pueda ser manipulada políticamente.

La propuesta crea una criptomoneda nacional fija. Es una moneda digital del país, con una característica no negociable: emisión fija e inalterable para siempre. No es una moneda «digital» en sentido superficial. Es una moneda diseñada para que nadie pueda alterarla desde un despacho.

Sus características técnicas forman parte del diseño institucional:

- no es minable
- no se puede crear ni emitir nuevas unidades
- la oferta monetaria es fija e inalterable
- el Banco Central deja de existir

- es divisible sin límite técnico
- el costo de transferencia es cero
- 100% de transacciones registradas en Blockchain de forma trazable con identidad protegida.
- se protege la identidad, pero se ve el flujo económico completo
- no existe dinero físico ni dinero en negro
- los impuestos se liquidan automáticamente

Detrás de estas características hay un motivo político de fondo: eliminar la emisión como forma de financiamiento, eliminar intermediarios de pago y eliminar el dinero opaco. Hoy, mover dinero cuesta. Transferir cuesta. Cobrar cuesta. Ese costo no es natural: es un impuesto oculto que se llevan intermediarios por estar en el medio.

Además, ese sistema alimenta industrias enteras que viven de un porcentaje de cada transacción. Durante décadas, eso tuvo sentido por limitaciones técnicas. Hoy, con herramientas digitales, seguir sosteniendo comisiones generalizadas es mantener un privilegio por inercia. Si el costo de transferencia puede ser cero, debe ser cero. De otro modo, se está aceptando que una empresa o un conjunto de empresas se queden con una parte de cada pago del mundo, sin aportar un valor proporcional. En un sistema monetario moderno, eso no se sostiene.

La eliminación del Banco Central en este modelo no es un capricho. Es la consecuencia directa de una moneda que no puede ser manipulada. Si nadie puede emitir, no hay necesidad de un órgano con poder de emisión. Y, si no hay poder de emisión, se corta una de las grandes fuentes históricas de corrupción: financiar gasto con creación de dinero.

El dinero físico tiene una característica que lo vuelve ideal para la corrupción: no deja rastro. Puede cambiar de manos, puede cruzar fronteras, puede esconderse, puede lavarse, puede moverse sin auditoría. Cuando se intenta combatir el delito financiero, el dinero físico es el aliado silencioso del delito.

En esta propuesta no existe dinero físico. Todo es digital. Todo es trazable. Todo queda registrado en blockchain bajo identidades anónimas, pero con flujo público visible. Eso permite algo que hoy parece imposible: ver el mapa completo del movimiento económico sin necesidad de exponer identidades civiles.

La idea es sencilla. No interesa el nombre del ciudadano en cada transacción; interesa el movimiento del dinero. Si el flujo es visible, el desvío no puede esconderse con facilidad. Si el impuesto se liquida automáticamente en cada compra, la evasión estructural desaparece. Queda, como mucho, el intento de operar fuera del sistema, en «negro». Pero operar en «negro», en este diseño, se vuelve una anomalía detectable porque rompe patrones, porque deja huecos, porque choca con un ecosistema donde la economía formal es completa.

Con moneda digital nacional fija, el sistema de recaudación se vuelve casi automático. No requiere capas de burocracia. No requiere formularios interminables. No requiere que el ciudadano sea experto en contabilidad para poder existir. Se cobra en el momento de la transacción. El Impuesto Único del 10 % es universal. Se cobra automáticamente al momento del pago en cripto. La evasión se reduce a cero en el circuito formal, y la burocracia se reduce al mínimo.

A su vez, este modelo obliga a que el empleo público deje de ser una salida cómoda sostenida por los demás. Quien decide trabajar para el Estado debe aceptar que su ingreso depende del rendimiento económico del país. Esa lógica vuelve a alinear incentivos: a un Estado más eficiente le va mejor; a un Estado más corrupto le va peor. No por moral, sino por diseño.

En ese punto aparece otra decisión estructural: la prohibición absoluta de la deuda pública. Esta suele presentarse como una herramienta técnica, pero en realidad es un acto profundamente ético. Endeudarse implica gastar hoy dinero que no se tiene y obligar a pagar mañana a personas que no necesariamente votaron esa decisión. En muchos países, la deuda se utiliza para tapar déficits crónicos y sostener privilegios, no para resolver emergencias reales. Se vuelve un hábito y, cuando eso ocurre, el Estado se acostumbra a vivir sistemáticamente por encima de su recaudación.

Aquí la regla es constitucional: el Estado tiene prohibido endeudarse. Cada gasto debe salir de la recaudación actual. Punto. Solo existe una excepción extrema, que no puede ser discrecional: emitir deuda extraordinaria requeriría un referéndum nacional obligatorio y la aprobación del 70 % del electorado mediante voto digital en blockchain.

Pero incluso si esa mayoría contundente aprueba la deuda, hay una condición innegociable: la generación que toma la deuda es la responsable de pagarla. Esto significa que el plazo máximo de cualquier deuda no puede exceder la vida productiva de la generación que la votó. Si una generación aprueba endeudarse en 1980, esa deuda debe quedar cancelada en un máximo de treinta años, 2010, antes de que la carga se transfiera a quienes no la decidieron.

¿Cómo se paga? Agregando un punto porcentual adicional al Impuesto Único del 10 %, pero exclusivamente a la generación que estaba en edad de votar y trabajar cuando se aprobó la deuda. No se diluye el costo entre todos. No se traslada a los hijos. La cuenta la pagan quienes firmaron el cheque. Esto genera un incentivo poderosísimo: antes de votar «sí» en un referéndum de deuda, cada ciudadano sabe que ese punto extra sale de su bolsillo, no del bolsillo de sus nietos. La deuda deja de ser una abstracción y se convierte en una decisión personal con consecuencias directas. De ese modo, la deuda deja de ser una herramienta política y pasa a ser una excepción estrictamente controlada, acotada en el tiempo y vinculada a quienes la decidieron.

Existen ejemplos que muestran hasta qué punto la deuda puede volverse absurda sin este tipo de reglas. Las emisiones a plazos ridículos, como los bonos a cien años, significan exactamente esto: gastar hoy y dejar la cuenta a generaciones completas. ¿Cómo justificar un plazo semejante sin admitir que se está comprando presente con futuro ajeno? Ese tipo de deuda no es planificación; es irresponsabilidad institucionalizada. Con la regla generacional, un bono a cien años sería constitucionalmente imposible.

Cuando se corta la deuda, también se corta un mecanismo de chantaje. Muchos gobiernos gobiernan a fuerza de endeudamiento: piden, gastan, prometen y ganan tiempo. Luego trasladan el problema a otros. Con la prohibición de la deuda, el gobierno queda obligado a administrar. Y administrar, en esencia, es priorizar.

Cuando se juntan moneda fija, Impuesto Único del 10 % y presupuesto ligado a recaudación real, aparecen ventajas que no dependen de la buena voluntad de nadie, sino de la estructura misma.

1. Eliminación total de evasión en el circuito formal: si todo pasa por la cripto fija trazable y el impuesto se liquida automáticamente, la evasión deja de ser un juego fácil.
2. Fin del impuesto a las ganancias: trabajar y crecer deja de ser penalizado. Nadie es castigado por producir

más.

3. Estímulo al ahorro y la inversión: el ingreso no se grava; solo se grava el consumo voluntario. Quien ahorra fortalece el sistema en lugar de ser castigado por ello.
4. Presupuesto estabilizado: no hay déficit estructural, no hay deuda normalizada y no hay inflación monetaria por emisión, porque no existe una máquina política para fabricar dinero.
5. Anticorrupción total por diseño: si no existe dinero físico y todo flujo es trazable, se vuelve mucho más difícil desviar fondos sin dejar huellas.
6. Automatización y reducción radical de burocracia: cero formularios inútiles, cero intermediarios parasitarios, cero laberintos hechos para que el ciudadano dependa de un gestor.
7. Justicia fiscal entendida como igualdad ante la regla: un solo Impuesto Único del 10 %. Regla plana. Pocas excepciones para lo esencial. Quien más gasta, más aporta. Quien ahorra, construye. La regla es simple, visible y pareja.
8. Inclusión digital real: todos usan la misma moneda

digital. No hay bancarizados y desbancarizados, no hay economía formal e informal. Quien tiene identidad digital accede al sistema financiero sin intermediarios bancarios que decidan quién participa y quién queda afuera.

Este sistema obliga, además, a mirar una verdad incómoda: la vida económica es variable, la recaudación es variable y el Estado tiene que dejar de comportarse como si fuera un ente eterno con ingresos garantizados. Cuando eso se entiende, también se vuelve evidente por qué el gasto fijo, la deuda y la emisión terminan funcionando como mecanismos de violencia económica contra el ciudadano productivo.

La clave final puede resumirse así: la política tiende a prometer más de lo que la economía real puede sostener. Un sistema monetario fijo y un presupuesto atado a recaudación efectiva le quitan a la política esa capacidad de fantasía. Al hacerlo, se recupera algo esencial: la confianza. La gente vuelve a saber que su esfuerzo no se evaporará por una decisión tomada en una oficina. Vuelve a saber que el impuesto es visible y limitado. Vuelve a saber que el Estado no puede vivir por encima del país.

Cuando esa certeza existe, el ciudadano deja de vivir a la defensiva. Puede planificar, ahorrar, invertir, emprender y construir. Ahí está la diferencia entre un país donde la economía se experimenta como una amenaza permanente y otro donde la economía se vive como una posibilidad real.

CAPÍTULO 9
REFORMA TERRITORIAL

La reforma territorial y la reforma del Poder Judicial van de la mano. No se trata de una coincidencia de agenda, sino de una relación de dependencia. Si el territorio permanece fragmentado en feudos y la justicia se administra en capas locales con reglas propias, la política siempre encuentra la forma de capturar el sistema. Y cuando la justicia sigue siendo capturable, la democracia, por más tecnológica que se declare, termina siendo un decorado.

Insisto en una idea incómoda para los modelos clásicos. La justicia no puede tener interpretaciones institucionales distintas según el mapa político. Pueden existir matices normativos, particularidades culturales o realidades económicas diferentes, pero el servicio de justicia, como garantía universal, no puede depender de intereses locales, alianzas regionales ni mafias territoriales. Cuando un país tolera que la justicia cambie según la provincia, el estado o la autonomía, no está defendiendo diversidad, está aceptando desigualdad. Y cuando esa desigualdad se vuelve estructural, deja de ser un problema jurídico para convertirse en un problema civilizatorio.

Esta propuesta forma parte de una etapa avanzada del

sistema y no lo disfrazo. Es una cirugía mayor. La razón por la que se vuelve inevitable es clara: la fragmentación territorial y la fragmentación judicial funcionan, en la práctica, como multiplicadores de corrupción, inhibidores de igualdad y manuales de captura para el poder político local.

La premisa es simple en su formulación y enorme en sus consecuencias. Un país necesita un solo sistema judicial federal unificado, administrado con reglas universales, imparciales y trazables. No una suma de aparatos judiciales que se contradicen, compiten o se blindan entre sí bajo excusas históricas.

En el modelo que propongo se eliminan las estructuras judiciales provinciales, estatales o autonómicas. Se establece una única Justicia Federal Nacional con alcance directo en todo el territorio. El objetivo es cortar tres problemas que, combinados, destruyen la credibilidad del sistema.

El primero es la interferencia política regional. En muchos esquemas actuales, el poder local presiona de forma directa o indirecta sobre la justicia. Decide presupuestos, maneja nombramientos, interviene carreras y controla el entorno social en el que vive el juez. Aunque el discurso formal hable de independencia, el contexto real suele estar atado a la política del lugar.

El segundo problema son los feudos judiciales. Allí donde existe fragmentación estable aparecen familias, redes internas, lealtades cruzadas y pactos duraderos. En ese escenario, la justicia deja de funcionar como un sistema de reglas y pasa a operar como una red de relaciones.

El tercero es la desigualdad de acceso y la duplicación de estructuras. La justicia fragmentada genera calidades distintas según el territorio. Procesos ágiles en algunos lugares, lentos en otros. Criterios probatorios dispares. Tecnología concentrada en centros urbanos y abandono en zonas periféricas. El ciudadano no queda bajo la misma ley, solo bajo la misma bandera, que no es lo mismo.

No propongo esta unificación por apego al centralismo. La propongo como defensa frente a la captura. Cuando la justicia se administra como un mosaico de jurisdicciones locales, la política regional no necesita capturar todo el sistema. Le alcanza con capturar su parte. Y una parte capturada se convierte rápidamente en ruta de impunidad, corredor de negocios o zona liberada. La unificación judicial es, entonces, una decisión política en el sentido más alto. Es una decisión sobre la igualdad. Ningún ciudadano debería tener menos garantías procesales por haber nacido o vivido en un territorio específico.

Contemplo un escenario que suele aparecer como objeción inmediata: «¿Qué pasa si hay variaciones legales por región?». Mi respuesta no parte de negar la complejidad, sino de administrarla bajo un principio superior: toda diferencia normativa debe ser visible, clasificable y trazable en una base pública nacional.

Si subsisten variaciones normativas por región, por ejemplo regulaciones específicas de ciertas actividades, particularidades administrativas o disposiciones territoriales, esas diferencias no pueden quedar escondidas en un laberinto de códigos dispersos. Deben ser detectadas, clasificadas y actualizadas automáticamente por una inteligencia artificial jurídica nacional. Al momento de emitir un fallo, el juez anónimo es asistido por el sistema, que le muestra cualquier diferencia normativa válida en el territorio donde impacta la decisión.

La clave no consiste en delegar la justicia en la inteligencia artificial. El juez decide. La IA no juzga, ilumina. Evita la aplicación de normas obsoletas, la omisión de actualizaciones, el uso oportunista de lagunas o la invención de supuestas excepciones locales para justificar privilegios. Todo cambio normativo local, además, debe quedar asentado en una base pública nacional con trazabilidad total. En términos sencillos, si una región sostiene que allí rige un criterio distinto, el país entero debe poder ver con claridad qué rige, desde cuándo, por qué motivo y con qué jerarquía normativa.

Este planteo se enlaza directamente con el diseño judicial previo, basado en jueces anónimos, revisión cruzada, asignación aleatoria y registros trazables. La unificación federal se convierte así en el marco territorial que permite que ese sistema funcione sin ser saboteado por fronteras internas.

A partir de ese punto, la reorganización territorial deja de ser un simple ajuste administrativo y pasa a convertirse en una redefinición profunda de lo que significa representación y presencia del Estado en el territorio. El país deja de organizarse por fronteras históricas que muchas veces responden a pactos del pasado, guerras internas, herencias coloniales o conveniencias políticas, y comienza a estructurarse según criterios funcionales: población, distancia, superficie y densidad.

La idea central es que el Estado no puede seguir operando como si un territorio gigantesco fuera una sola realidad humana. En una ciudad de 100.000 habitantes, una única administración local no puede comprender ni atender realidades radicalmente distintas dentro del mismo perímetro. Un barrio pobre, una zona industrial, un centro comercial, un área residencial acomodada y una periferia semirrural no comparten problemas, prioridades ni urgencias. Forzar a una estructura política a representar todo eso como una unidad homogénea equivale a fabricar distancia institucional.

Con ese diagnóstico, el país se divide en Municipios Judiciales y Administrativos que cumplen, al menos, una de estas condiciones: alrededor de 20.000 habitantes, una superficie aproximada de 2.500 kilómetros cuadrados, una dimensión máxima cercana a 50 kilómetros por lado, o una excepción por baja densidad cuando hay menos de un habitante por kilómetro cuadrado, pudiendo llegar a 100 km × 100 km o a los 10.000 km cuadrados.

Detrás de estas cifras hay una filosofía concreta: nadie debe quedar fuera del mapa institucional por vivir lejos. La representación y el acceso a la justicia no pueden depender exclusivamente de la densidad urbana. En este punto aparece una de las realidades más ignoradas del sistema actual: los territorios vacíos, desérticos o remotos. Lugares donde viven pocas familias, comunidades dispersas, personas con economías de subsistencia, cuya existencia solo se recuerda en discursos patrióticos o conflictos fronterizos, pero se olvida en la vida cotidiana.

Lo afirmo sin romanticismo: un país no puede proclamarse completo si solo recuerda esos territorios para la bandera, pero no para el agua, la energía, la conectividad, la salud o la representación. La reforma territorial obliga al Estado a mirar lo que suele ignorar. Cuidar un territorio no es un discurso, es infraestructura, servicios, justicia y presencia real.

La territorialidad se convierte así en una garantía de voz. Incluso donde la población es baja, el criterio de superficie permite la existencia de una unidad administrativa capaz de elevar necesidades concretas: electricidad, conectividad, caminos, centros de capacitación o presencia estatal efectiva. La lógica es simple: toda comunidad tiene derecho a un representante, aun en zonas desérticas o con muy poca población. Si el país reclama el territorio como propio, también debe asumir responsabilidad sobre quienes lo habitan.

En ese marco, cada municipio funcional se concibe como un nodo, no como una pirámide burocrática. No se imagina un edificio lleno de ventanillas interminables, sino una unidad de administración y justicia digital con infraestructura mínima para evitar que la brecha tecnológica se convierta en exclusión.

En cada municipio existen una sede de administración local y centros públicos con conexión y capacitación. Esto no es un detalle técnico, es una condición de igualdad. Si el sistema judicial y administrativo opera de forma mayoritariamente digital, el Estado debe garantizar el acceso y el aprendizaje como derecho.

A su vez, se integran nodos judiciales descentralizados, con jueces anónimos operando en línea, audiencias virtuales y registros locales que permiten participar en procesos sin desplazamientos imposibles. La justicia deja de estar concentrada en capitales o centros urbanos y se vuelve ubicua, con presencia territorial suficiente para no convertirse en una abstracción.

El municipio funcional, entonces, no es solo una línea en un mapa. Es la unidad donde el ciudadano puede sentir que el Estado está a una distancia razonable, tanto física como institucional. La referencia de 20.000 habitantes no es un número mágico, sino un intento de devolverle a la administración una escala humana, donde la realidad concreta no se diluya en una masa estadística.

En esa misma lógica, esta reforma pone fin al federalismo judicial entendido como fragmentación. El problema no es la diversidad cultural ni la autonomía administrativa en ciertos aspectos, sino que la ley y su aplicación se conviertan en un mapa de excepciones, privilegios y refugios.

Al unificar la justicia como federal nacional, se establece un estándar uniforme: todos los ciudadanos bajo la misma ley, con los mismos procedimientos, los mismos mecanismos de revisión y el mismo nivel de control. Se elimina la noción de justicias provinciales como mundos separados y se termina con la desigualdad legal entre territorios. El ordenamiento territorial deja de basarse en herencias políticas y pasa a responder a datos demográficos y geográficos.

Este diseño tiene un efecto directo sobre las mafias locales. Un poder regional no puede dominar a su juez cuando ese juez no existe como figura local. Si el magistrado es anónimo, asignado por sistema, opera desde otro lugar y está sujeto a revisiones aleatorias, la captura territorial pierde sus herramientas clásicas. En este esquema, la inteligencia artificial actúa como garante de coherencia legal. Evita la aplicación de normas obsoletas bajo excusas territoriales, bloquea la manipulación de lagunas jurídicas y exige que toda variación sea pública, trazable y consistente.

LA REFORMA TERRITORIAL COMO SOPORTE DE LA JUSTICIA ANÓNIMA Y DISTRIBUIDA

Una justicia sin Corte Suprema, basada en revisión colegiada y jueces anónimos, necesita un suelo institucional sólido para no hundirse. La justicia federal unificada encaja de manera natural con la eliminación de una cúspide concentrada, ya que reemplaza la jerarquía por una red. Cuando el poder judicial deja de depender de escalones territoriales, la revisión cruzada se vuelve un mecanismo lógico: jueces de un extremo del país pueden revisar fallos de otro extremo sin que eso sea percibido como una intervención externa. La unidad de reglas lo hace posible.

Los municipios funcionales, a su vez, se enlazan directamente con el sistema de jueces anónimos y descentralizados. La justicia digital no existe en el vacío, requiere puntos de acceso físico, conectividad y capacitación. Por eso la reorganización territorial se convierte, también, en una reforma de infraestructura cívica. La revisión cruzada y aleatoria de fallos se fortalece cuando existe un padrón judicial nacional amplio y sobredimensionado. Cuanto más grande y más rotativa es la red, menos probable resulta la formación de camarillas estables o circuitos de influencia repetidos.

En ese mismo marco, la selección meritocrática pública de jueces, con examen oral transmitido y objeciones fundadas, adquiere un sentido plenamente nacional. No se elige un juez para un feudo, se elige un juez para un sistema. Esa exposición eleva el estándar cultural de la magistratura, la somete al escrutinio del país entero y reduce el margen para los arreglos locales que suelen pasar desapercibidos.

Subrayo que esta etapa es avanzada y exigente. No se trata de mover líneas en un mapa, sino de desmontar instituciones que llevan décadas, o incluso siglos, acumulando hábitos, privilegios y narrativas. Una reforma de esta magnitud inevitablemente genera resistencia. Habrá quienes la califiquen de centralista, otros de tecnocrática y otros de antihistórica.

La respuesta se apoya en un argumento de responsabilidad. Un país no puede olvidarse de partes de su territorio y luego proclamarse homogéneo. No puede reclamar un campo como propio y, al mismo tiempo, desentenderse de cuidarlo. Tampoco puede aceptar que existan ciudadanos con acceso desigual a la justicia solo por vivir lejos, ni tolerar que el poder local convierta la justicia en un instrumento de dominación.

Desde un ángulo deliberadamente crudo, aparece una imagen que revela una verdad social persistente. El ser humano tiende a decir «todo esto es mío» incluso cuando no usa ni cuida gran parte de lo que reclama. Sin embargo, si alguien se instala allí, la reacción suele ser expulsiva. Esa conducta, trasladada al Estado, produce abandono territorial: zonas enteras que solo se recuerdan cuando conviene. La reforma territorial apunta a eliminar esa hipocresía institucional. Si un territorio es propio, entonces debe ser cuidado. Cuidarlo implica representación, servicios y justicia.

Existe, además, un segundo argumento que conecta con el

núcleo democrático del libro. La representación no puede ser una ficción estadística. Cuando el Estado administra realidades radicalmente distintas como si fueran una sola, el ciudadano pierde interlocutor y se vuelve invisible. La unidad territorial funcional, al reducir la escala, hace que la voz tenga destino. No garantiza soluciones automáticas, pero evita que la realidad se diluya.

Una vez que el territorio se reorganiza y la justicia se unifica, el desafío siguiente aparece con claridad. Si existen municipios funcionales y si la justicia queda separada de la política, resulta necesario definir de qué manera se organiza el poder político para que esa cercanía no sea simbólica, sino operativa, cómo se representa al ciudadano en esa escala reducida y de qué modo se evita que el representante vuelva a transformarse en un delegado sin supervisión.

CAPÍTULO 10
REFORMA POLICIAL

Hay una idea que, dicha en voz alta, suena obvia y, sin embargo, casi ningún Estado aplica con coherencia: justicia y seguridad son funciones indivisibles del Estado nacional. Cuando se las separa en capas territoriales, cuando se las fragmenta por provincias, municipios o ciudades, el resultado no es cercanía, sino un mosaico de poderes locales que terminan respondiendo a jefaturas políticas, intereses económicos o redes mafiosas. Y, si además se pretende que todo eso opere con estructuras heredadas del siglo XIX, juzgados físicos, mesas de entrada, secretarías, expedientes en papel y oficinas presenciales, el resultado es un sistema lento, capturable y, en la práctica, desigual.

Esta reforma es total. No es un parche ni una modernización superficial. No consiste en informatizar una ventanilla y dejar intacto todo lo demás. Lo que propongo es integrar el aparato policial y judicial en una red federal, digital, descentralizada, segura y auditable. Y cuando hablo de auditoría, lo hago en sentido estricto, no como eslogan de transparencia, sino como trazabilidad real, de punta a punta, para que la corrupción pierda el espacio cómodo que hoy encuentra en los pasos intermedios.

Vuelvo siempre al mismo punto: la fuerza no puede ejercerla el ciudadano. Si la fuerza queda librada a la voluntad individual, el escenario es el caos. La fuerza debe estar en manos del Estado, pero no en manos de cualquier rama del Estado. La fuerza, entendida como el monopolio legítimo para actuar, detener, asegurar, proteger y hacer cumplir la ley, debe estar subordinada al profesional del derecho. En mi diseño, ese profesional es el juez. Es quien conoce el debido proceso, entiende la proporcionalidad y debe responder por la legalidad de una orden.

La policía, entonces, no es un poder independiente que actúa y luego negocia con fiscales, jueces visibles o autoridades políticas. La policía es el brazo operativo. La justicia es el cerebro normativo. La policía ejecuta. El juez ordena. El juez no puede ser presionado y la policía no puede ser utilizada por un caudillo local. En ese esquema, la seguridad deja de ser una moneda política y se convierte en una función regulada por el derecho.

Este enfoque también resuelve un problema que, en muchos países, se volvió cotidiano: fuerzas policiales que responden al intendente, a la gobernación, al partido o al jefe territorial. Cuando la policía depende de una jefatura política local, aparece la distorsión más peligrosa: la fuerza se usa para proteger aliados, perseguir adversarios o mirar hacia otro lado cuando el delito conviene. Es un sistema feudal con uniforme.

El primer paso es incómodo, pero necesario: eliminar todas las fuerzas de seguridad dependientes de gobernaciones, municipios o intendencias. No se trata de coordinar mejor estructuras existentes, sino de eliminar el principio de base que permite que existan sistemas policiales sujetos a jefaturas políticas locales.

En su lugar propongo una única Policía Federal Descentralizada. La combinación de términos es deliberada.

Federal, porque responde al Estado nacional y a un marco único. Descentralizada, porque opera por distritos funcionales, con presencia territorial y capacidad operativa cerca de la población. Lo que desaparece son las jerarquías intermedias tradicionales, esas capas que suelen convertirse en nidos de poder, intermediación y corrupción. En este diseño, la figura clave es el comisario por distrito funcional.

La división operativa coincide con la reforma territorial desarrollada antes. Cada distrito funcional, equivalente a los municipios definidos por población o superficie, cuenta con un comisario y con una fuerza operativa dimensionada bajo un criterio mínimo: una fuerza por cada veinte mil habitantes o por cada dos mil quinientos kilómetros cuadrados.

Ese número no es arbitrario. El objetivo es asegurar presencia suficiente para asistir, responder y operar, sin que esa presencia derive en un pequeño poder soberano por distrito. Las oficinas policiales se distribuyen para asistencia, no para decisión. La decisión no debe alojarse en un mostrador, en un jefe local, en una amistad o en una llamada.

El comisario, a diferencia del juez, no es anónimo. Tiene nombre, rostro y responsabilidad pública. Su función es administrativa y operativa. Actúa como interfaz. Es el único punto de contacto humano estable entre el sistema judicial anónimo y la fuerza en territorio. Su selección rompe con la lógica del dedo. El comisario se elige por concurso público entre sus pares cada tres años. Ese plazo no es decorativo. Impide la cristalización de un feudo personal y, al mismo tiempo, permite continuidad suficiente para evaluar rendimiento y responsabilidad.

Aquí aparece el punto crucial: el comisario no toma decisiones judiciales ni investiga por cuenta propia. No arma causas según su criterio ni responde a presiones. Obedece exclusivamente órdenes digitales firmadas por jueces anónimos del sistema. Esa expresión, órdenes digitales firmadas, es el corazón del vínculo.

En términos prácticos, el juez anónimo emite una orden y la firma con su clave criptográfica. Esa firma es verificable y confirma que la orden proviene de un juez habilitado. El comisario recibe y ejecuta. Ejecuta sin conocer al juez, sin saber quién es ni dónde vive, sin tener una puerta a la que golpear para arreglar. El juez, por su parte, permanece invisible e inaccesible al exterior. Al concentrar la interfaz en un solo punto operativo, el diseño reduce los espacios donde hoy se negocia, se amenaza o se corrompe.

Este esquema protege al juez, pero también protege a la sociedad del juez capturado por su entorno. En los sistemas tradicionales, cuando el juez vive donde decide, no solo puede ser presionado, también puede formar parte de las mismas redes sociales, económicas o políticas. El anonimato y la operación a distancia cortan esa trama. El segundo movimiento es igual de radical: eliminar la infraestructura judicial heredada del siglo XIX. Me refiero a juzgados físicos, secretarías, mesas de entrada y oficinas presenciales. Ese mundo, tal como existe hoy, no es tradición, es una máquina de burocracia, demora y corrupción.

Quien conoce el sistema lo sabe. Gran parte de la corrupción real no ocurre en la sentencia, sino en los pasos intermedios: en la puerta, en el trámite, en el archivo, en la notificación, en el expediente que se pierde, en el papel que no llegó, en la firma que falta, en el sello que se demora. Ese es el reino donde el tiempo se convierte en arma y la desigualdad en método. Por eso, establezco un sistema completamente digitalizado, automatizado y criptoseguro. Todos los actos procesales deben realizarse en plataformas oficiales con trazabilidad y firma criptográfica. No algunos. No de manera gradual como promesa eterna. Todos.

Esto incluye la recepción de denuncias, la admisión de

pruebas, la emisión de órdenes judiciales, la revisión de apelaciones, todo realizado desde un celular o computadora, con evidencia que puede ser enviada en un paquete sin remitente, solo un QR; por lo tanto, todas las notificaciones y cualquier acto relevante del proceso serán en línea. La lógica es simple: si cada paso queda registrado de manera inmutable y verificable, el espacio para negociar el trámite se reduce drásticamente.

Digitalizar no significa subir documentos a una nube. Digitalizar de verdad implica rediseñar el flujo para que el sistema haga lo que hoy realizan capas enteras de intermediarios. En ese punto entra la inteligencia artificial, con un rol definido sin ambigüedades. La inteligencia artificial no juzga, no decide culpabilidad ni reemplaza el criterio humano. Ese límite es esencial, tanto por razones éticas como jurídicas.

Su función es operativa y de control. Organiza expedientes y pruebas, verifica legalidad procesal, asigna causas, rastrea contradicciones, asiste en la redacción técnica preliminar y ejecuta notificaciones automáticas. En otras palabras, ordena, controla coherencia, acelera procesos y reduce discrecionalidad.

Si el sistema se implementa correctamente, el efecto es inmediato: desaparece la corrupción de mesa de entrada, se termina el «andá a hablar con», se extingue el «te falta un papel» como excusa infinita. La trazabilidad convierte el trámite en un rastro verificable. Y eso, en justicia y seguridad, es poder ciudadano.

Hay un eje transversal que no puede quedar como nota al pie: la protección al denunciante. En los sistemas actuales, denunciar a alguien con poder suele ser un acto suicida. No por falta de coraje, sino porque el diseño está roto. La denuncia llega a un juez visible, ese juez puede estar presionado y, aun con buena voluntad, queda expuesto. Luego llega la represalia contra quien denunció.

En ese contexto, el silencio es una reacción racional. Cuando la gente se calla, gana el poder que opera con miedo. Por eso las denuncias deben ser digitales y el sistema debe proteger al denunciante de forma real: anonimato operativo, trazabilidad del trámite, separación entre quien recibe la denuncia y quien ejecuta las órdenes, y un circuito donde la represalia sea difícil.

He visto ejemplos que estremecen. Ciudades donde, en la práctica, no hay policía o donde se envía a un solo agente a situaciones imposibles. Todos conocen el destino de ese policía y el del ciudadano: abandono. En muchos lugares, la sensación dominante es que el Estado llega tarde o no llega. Este diseño apunta a esa raíz: seguridad y justicia no como oficinas, sino como una red nacional operativa.

Visto en conjunto, las ventajas no dependen de que todos se comporten bien, dependen de su ingeniería. Se elimina el sistema feudal, se desarma el poder policial y judicial de caudillos locales, se protege al juez mediante anonimato real, se digitaliza el proceso con trazabilidad completa, se reduce el gasto público al eliminar estructuras inútiles y se crea un flujo directo de justicia, del juez al comisario, sin cadenas intermedias que hoy son el espacio natural de la interferencia.

La igualdad también cambia de forma. Cuando la justicia y la policía operan bajo un mismo sistema nacional, el ciudadano deja de depender de la suerte territorial. Accede al mismo estándar, al mismo procedimiento y a la misma red de protección, viva donde viva. Ese es el punto central: un Estado que se toma en serio su función no puede ofrecer justicia de primera y justicia de segunda según el distrito.

Este rediseño deja algo claro: sin una justicia digital y una policía subordinada al juez, la democracia tecnológica queda expuesta en su punto más sensible, el monopolio de la fuerza.

CAPÍTULO 11
DENUNCIAS DIGITALES

Hay temas que, si se los mira con honestidad, se vuelven imposibles de sostener con el diseño actual. Uno de ellos es la denuncia. En el papel, denunciar es un acto cívico: alguien ve un delito, lo reporta y el Estado actúa. En la vida real, sin embargo, la denuncia suele convertirse en una condena para quien la hace, especialmente cuando el denunciado tiene poder.

Ese poder aparece de dos formas distintas, pero igual de intimidantes: poder político o poder de daño. El primero opera con palancas institucionales, contactos, influencias, presupuesto y blindajes. El segundo opera con amenaza directa, gente sin valores, delincuentes comunes, mafias, narcotraficantes o violentos. En ambos casos, denunciar con nombre y apellido se vuelve peligroso. En muchos escenarios, además, no solo es peligroso, es directamente absurdo.

Pienso en una situación cotidiana, casi doméstica, que cualquiera puede visualizar. Un edificio de treinta departamentos. Un ascensor. Un vecino violento con el que te cruzas todos los días. Presencias un maltrato a una mujer, a un niño o a un animal. Sabes que se está rompiendo la ley. Sabes que no es un episodio aislado. Y, aun así, el sistema te exige que «denuncies» como si nada: que vayas a una comisaría, que des tu nombre, que firmes, que asumas una responsabilidad que no te corresponde. Después te pide pruebas, como si estuvieras en una película policial y no viviendo una situación real. Luego vuelves a tu casa y te lo cruzas en el ascensor. Resulta legítimo preguntarse si alguien cree de verdad que ese mecanismo funciona.

El problema de fondo es conceptual. La palabra «denuncia» carga sobre el ciudadano una responsabilidad desproporcionada. Tal como está diseñada en muchos sistemas, funciona como una forma elegante de trasladar el riesgo al más débil. El Estado dice «trae el delito y tráelo con pruebas», y el ciudadano queda expuesto. Muchas veces paga con su vida, con daños materiales, con represalias o con un desgaste psicológico que nadie repara. En ese punto, la sociedad aprende una lección simple: callarse es más seguro. Y cuando una sociedad aprende a callarse, el delito se fortalece.

Por eso insisto en un cambio que parece semántico, pero es estructural: transformar la denuncia en aviso. Un aviso dice: «aquí se está rompiendo la ley, verifiquen». El centro de gravedad vuelve al lugar correcto. El Estado investiga, el Estado protege, el Estado verifica y el Estado actúa. El ciudadano aporta información, no se convierte en blanco. Deja de ser un héroe forzado para convertirse en un participante protegido.

Ahora bien, hablar de avisos sin construir un mecanismo real de protección es quedarse en el discurso. El sistema tiene que proteger, y proteger en serio, no con formalidades. Ahí es donde la tecnología resulta útil, pero solo si se integra con la misma lógica que sostengo para el voto: anonimato, trazabilidad, auditabilidad y descentralización. La propuesta es integrar el canal de avisos y denuncias directamente al ecosistema de justicia digital. No como un módulo suelto ni como una aplicación sin consecuencias, sino como una puerta formal al sistema judicial, con reglas claras, registros verificables, protección criptográfica y participación sin exposición.

La base es simple: una plataforma única, nacional, interoperable, criptosegura y transparente. La misma herramienta que se usa para votar digitalmente sirve para realizar avisos o denuncias civiles y penales, aportar pruebas, testificar y hacer seguimiento. No tiene sentido obligar al ciudadano a saltar entre oficinas, formularios, ventanillas y estructuras que no se comunican entre sí. La fragmentación tecnológica replica la fragmentación institucional, y esa fragmentación es el espacio donde se pierden causas, se frenan procesos y se filtra la presión.

A nivel ciudadano, la plataforma se percibe como una aplicación oficial: se descarga, se habilita y se utiliza. A nivel institucional, funciona como un nodo más dentro de la red de justicia digital. La denuncia no entra al Estado por un mostrador, entra por el mismo sistema que administra expedientes, asigna causas, distribuye revisiones y registra actuaciones.

El punto más delicado, y también el más poderoso, es el anonimato. No el anonimato improvisado de «no pongo mi nombre», sino un anonimato blindado, con identidad digital protegida por criptografía y con capacidad real de seguimiento y participación. El denunciante genera una identidad digital blindada, algo equivalente a una wallet jurídica. No revela su nombre, pero puede seguir participando en el proceso. Esa identidad anónima permite subir pruebas, fotos, audios, videos o documentos, responder preguntas del juez y testificar de manera remota sin quedar expuesto.

Esto modifica un hábito central de los sistemas actuales. Hoy, muchas veces, se denuncia y se pierde el contacto. La denuncia queda en un limbo: no se sabe qué pasó, si avanzó, si alguien la archivó, si el expediente se traspapeló o si el denunciado ya se enteró. En el modelo que propongo, la denuncia es un proceso continuo. El denunciante no queda afuera después del primer acto. Puede aclarar puntos sin romper el anonimato, responder solicitudes del juez o de la inteligencia artificial forense y aportar nuevo material con el tiempo. Participa activamente sin exponerse.

Esta continuidad también protege al sistema frente a otro problema real: la prueba incompleta. A veces no se puede aportar todo al inicio. A veces hay miedo, confusión o falta de herramientas. La continuidad permite que el proceso crezca sin obligar al denunciante a exponerse en una comisaría.

El circuito operativo, del ciudadano al juez anónimo y del juez al comisario, funciona así:

- El ciudadano realiza el aviso o denuncia desde la aplicación.
- Una inteligencia artificial forense evalúa si existe mérito para iniciar una investigación preliminar.
- Si corresponde, se asigna un juez anónimo.
- El juez instruye directamente al comisario del área para medidas inmediatas, como resguardo, allanamientos o restricciones.
- El denunciante puede seguir participando, subir más pruebas, ver el estado de la causa y participar en audiencias sin revelar su identidad, mediante voz distorsionada, avatar o texto.
- Cada acción queda registrada con firma digital y hash público en la blockchain judicial.

La clave no está solo en la comodidad, sino en eliminar filtros burocráticos y, sobre todo, puntos vulnerables. Cuantos más pasos humanos intermedios existen, más oportunidades aparecen para el «no lo recibí», «se perdió», «vuelva mañana», «esto no corresponde» o «hable con tal». Ese lenguaje es el idioma cotidiano de la impunidad.

Cuando la denuncia entra directo al nodo del juez anónimo, el sistema adquiere otra velocidad. El juez actúa en tiempo real. La policía, a través del comisario, recibe órdenes firmadas digitalmente. Nadie necesita saber quién es el juez. Nadie necesita conocer la identidad del denunciante. Importa que el acto sea auténtico, verificable y trazable.

Para que el sistema sea robusto, algunos componentes resultan indispensables:

- La blockchain jurídica garantiza trazabilidad sin exposición.
- La identidad blindada permite colaborar sin revelar el nombre.
- La aplicación conectada al sistema judicial asegura ingreso directo al nodo del juez anónimo.
- Las notificaciones cifradas permiten recibir actualizaciones sin abrir canales vulnerables.

El anonimato protege, pero no hace magia. Existen situaciones en las que la propia naturaleza de la prueba puede revelar al denunciante. Un video grabado desde una vivienda concreta puede delatar su origen. Ese riesgo no se resuelve negándolo, sino estableciendo criterios y protocolos claros.

En primer lugar, el juez y el fiscal, si esa figura existe integrada al diseño, deben evaluar la contundencia de la prueba y la necesidad de exposición. Puede suceder que el material permita actuar sin revelar el origen. Puede suceder que la exposición implique un riesgo grave. En ese caso, el sistema debe tener una regla explícita: la protección del denunciante es parte del debido proceso democrático.

En situaciones extremas, la respuesta puede ser drástica. Si el caso lo amerita y la exposición resulta inevitable, debe existir la posibilidad de asignar una nueva identidad al denunciante. Esto no es una fantasía, es la consecuencia lógica de tomarse en serio la protección. Si el Estado necesita el testimonio para proteger a la sociedad, el Estado tiene la obligación de proteger a quien testifica.

Otro problema real es el abuso del mecanismo. Existe quien miente, quien denuncia por venganza, quien inventa o utiliza el sistema como arma. También existe el denunciante serial, que presenta decenas de avisos sin mérito y satura el sistema. Esto no se resuelve castigando al denunciante honesto, se resuelve con trazabilidad y análisis.

La identidad blindada permite evaluar el historial sin revelar la identidad física. Se puede medir cuántas veces esa identidad realizó avisos, cuántos resultaron fundados y cuántos fueron falsos o infundados. Se puede asignar un puntaje de confiabilidad, no para silenciar, sino para administrar recursos. El sistema no puede tratar con la misma prioridad al que avisa de buena fe y al que utiliza el canal como arma.

Aun así, sostengo una idea central: incluso con posibilidad de abuso, el mecanismo de protección sigue siendo indispensable. No se diseña un sistema pensando solo en el tramposo. Se diseña para proteger a la mayoría honesta y, al mismo tiempo, detectar y desincentivar al que abusa.

Lo que sigue es casi inevitable. Una sociedad que puede avisar sin miedo y un Estado que puede actuar sin burocracia. La justicia, más justicia, y la democracia ejecutada.

CAPÍTULO 12
SALUD Y VEJEZ

Este modelo parte de una decisión de prioridades con la que busco evitar la hipocresía institucional. Sostengo que un Estado no puede prometerlo todo sin mentir, sin endeudarse o sin convertir el dinero en una ficción. Por ese motivo, en lugar de defender un catálogo infinito de «derechos» que dependen de la recaudación y del político, defino un principio concreto: el Estado garantiza dos cosas y solo dos: salud pública universal y cuidado material en la vulnerabilidad. Todo lo demás es responsabilidad personal. No lo planteo como un eslogan, sino como un límite operativo. Allí donde hoy existen sistemas que intentan abarcarlo todo y terminan fallando en lo esencial, elijo garantizar con firmeza aquello que no puede quedar a merced del azar.

La salud no es un lujo ni una recompensa. Nadie se enferma por mérito ni se cura por obediencia. Nadie elige un diagnóstico, una emergencia o un accidente. Justamente por eso, cuando el sistema sanitario funciona mal, el daño no se distribuye de manera equitativa: se ensaña con quien tiene menos recursos, con quien no puede pagar un tratamiento, con quien no puede viajar o con quien no puede esperar. En una sociedad moderna, el acceso a la salud constituye el piso real de la dignidad. Todo lo demás puede discutirse; esto no.

Concibo un sistema de salud nacional, público, financiado con los impuestos y universal para los ciudadanos. Incluye atención primaria, atención hospitalaria, urgencias, tratamientos, diagnóstico, operaciones y medicamentos esenciales. No lo limito a emergencias ni a lo «básico» entendido como una excusa para recortar. Tampoco lo delego al mercado como si la enfermedad fuera un producto más de consumo. La salud debe existir, debe estar disponible y debe ser de calidad. Un hospital no es un depósito humano: es un espacio donde se salva vida, se evita dolor y se recupera capacidad.

Este sistema se financia íntegramente con el Impuesto Único del 10 %. La lógica es deliberada: un impuesto simple y trazable sostiene un servicio esencial. No hay múltiples cajas, no hay laberintos administrativos ni «parches» que terminan siendo deuda disfrazada. Evito que el Estado prometa prestaciones sin respaldo o que la salud dependa de cuotas ocultas, intermediarios y estructuras duplicadas. El objetivo es claro: que la atención sanitaria no dependa del poder adquisitivo, del lugar de residencia ni de la suerte de pertenecer a un circuito de privilegio.

Un país puede debatir mil cuestiones, pero no puede permitir que la salud se convierta en un castigo económico. Nadie desea enfermarse, operarse o pasar por un hospital. Precisamente por eso, el Estado debe asegurar que, si sucede, la respuesta exista y sea rápida, competente y humana. La salud pública no es una idea romántica: es infraestructura moral y operativa.

La segunda columna de este planteamiento es la vejez. No hablo de «premiar» a alguien por haber trabajado ni de sostener una promesa monetaria imposible. Me refiero a garantizar una existencia digna cuando la autonomía física o mental se deteriora y cuando el mercado, por sí solo, deja fuera a quienes no pudieron planificar, no pudieron ahorrar, tuvieron mala suerte, se enfermaron o simplemente llegaron a la edad avanzada sin respaldo suficiente.

Lo que propongo desde el Estado para los adultos mayores es un sistema nacional de residencias geriátricas públicas. Estas residencias incluyen alojamiento digno, alimentación, asistencia médica, higiene y ropa. No lo concibo como caridad ni limosna, sino como la forma concreta de evitar que la vejez se transforme en abandono. El criterio es universal, no contributivo y sin distinción de clase. No selecciono por historial laboral ni por la existencia o no de empleo formal. Atiendo un hecho humano básico: todos envejecemos y, en algún momento, la vulnerabilidad aumenta.

Esta garantía tiene un límite intencional: no incluye jubilación en dinero. El Estado garantiza cuidado y condiciones de vida, no un ingreso mensual como promesa automática. No se trata de un capricho ideológico, sino de una corrección a una ilusión contable que en muchos países terminó en colapso. Cuando un Estado promete pensiones monetarias para millones sin una base de recaudación estable, acaba recurriendo a una de tres salidas: endeudarse, emitir moneda sin respaldo o subir impuestos hasta destruir la economía productiva. En cualquiera de esos caminos, el resultado es el mismo: el sistema se vuelve insostenible y termina pagando miserias, privilegiando a algunos o quebrando bajo la excusa de que «no alcanza».

En cambio, cuando la garantía se traduce en servicios directos, como techo, alimento, atención médica, higiene y ropa, se puede planificar, auditar, controlar la calidad y evitar el uso político del dinero. Además, se neutraliza un fenómeno corrosivo: que la jubilación se convierta en un mecanismo de compra de votos o de privilegios corporativos, donde unos cobran fortunas y otros apenas sobreviven. Aquí la protección al vulnerable existe, pero se entrega como cuidado real, no como dinero que se licúa con inflación o se reparte con discrecionalidad.

En este modelo no existe un sistema de jubilación pagado por el Estado. Nadie cobra una pensión estatal por haber trabajado, ni en el sector privado ni en el sector público. No reconozco un «derecho al dinero después del retiro» como obligación estatal. Lo que el Estado puede y debe garantizar es salud y una existencia digna en la vejez mediante residencias geriátricas públicas, no una renta futura a cargo de generaciones que todavía no nacieron.

La razón es estructural. El Estado no dispone de ingresos fijos garantizados a futuro. La recaudación es variable por definición y cambia con los ciclos económicos, las crisis, las transformaciones tecnológicas, el clima, las guerras, las pandemias y las mutaciones del consumo y la producción. Prometer un pago monetario fijo a décadas vista equivale a prometer con dinero inexistente. Cuando se intenta hacerlo, el resultado termina siempre en déficit, deuda y manipulación.

Además, el sistema jubilatorio estatal suele generar la peor combinación posible: ofrece una ilusión de seguridad mientras, en la práctica, sirve para encubrir privilegios. Allí donde existe una gran «caja» común, aparecen jubilaciones especiales para funcionarios, jerarquías y castas administrativas, y se normaliza que un grupo viva muy por encima de lo que produce, a costa de quienes trabajan y sostienen la recaudación. Esa lógica es la que corto de raíz.

Mi objetivo no es castigar a las personas mayores. Por el contrario, garantizo que nadie quede abandonado, enfermo o desprotegido. Lo que elimino es la promesa monetaria, como si el Estado pudiera fabricar bienestar sin que alguien lo produzca. Reemplazo la jubilación estatal por un esquema dual: garantía pública de cuidado y salud, y responsabilidad individual de ahorro para el retiro.

Si el Estado no debe pagar jubilaciones, el retiro pasa a ser un ámbito de responsabilidad personal. Cada ciudadano, a lo largo de su vida laboral, ahorra para su retiro y elige una empresa de capitalización autorizada. Concibo la existencia de operadores privados, similares en concepto a sistemas de capitalización individual, que administran cuentas personales bajo reglas claras y con auditoría estatal. El Estado regula y audita, pero no garantiza los fondos. Esta distinción es decisiva: la administración debe ser transparente y controlada, mientras que el riesgo y la decisión de inversión se asumen de manera individual.

El sistema tiene características concretas:

- Operadores: empresas privadas autorizadas y auditadas por el Estado.
- Aportes: voluntarios, automáticos o manuales; no existe un descuento obligatorio impuesto por el Estado.
- Transparencia: todos los movimientos de la cuenta individual se ven en tiempo real.
- Auditoría: el Estado regula y audita el funcionamiento, sin convertirse en pagador final.
- Propiedad: los fondos son 100 % del ciudadano y son heredables en caso de fallecimiento.

El carácter voluntario no implica improvisación. Implica que el Estado no expropia mediante un descuento obligatorio con la promesa de devolver algo en el futuro. En su lugar, se crea una estructura donde cada persona comprende que su retiro depende de la planificación y del ahorro, con instrumentos accesibles e información clara. El incentivo cambia: en vez de confiar en una caja pública que puede quebrar, se construye capital propio.

La herencia es un punto central. Un sistema en el que los ahorros jubilatorios desaparecen al morir o regresan a una bolsa común rompe la lógica básica de propiedad y esfuerzo. Si alguien ahorra durante décadas, ese ahorro le pertenece y debe poder transferirse a su familia o a quien decida. Esto también fomenta una cultura de largo plazo, donde no solo se busca llegar a fin de mes, sino construir futuro.

EDUCACIÓN FINANCIERA OBLIGATORIA

Este sistema no puede sostenerse si la población no sabe ahorrar, invertir y planificar. Por ese motivo, propongo que la educación financiera sea obligatoria. Para que esta propuesta resulte viable, es necesario que las personas adquieran conocimientos básicos sobre ahorro e inversión, comprendan los riesgos de un retiro sin planificación, conozcan los distintos tipos de fondos disponibles y sepan cómo elegir y cambiar administradoras.

No se trata de convertir a todos en especialistas, sino de enseñar lo esencial, aquello que hoy, en muchos países, se omite o se reemplaza por contenidos irrelevantes para la vida real. Comprender el interés compuesto, el riesgo, la diversificación, el horizonte temporal y las decisiones básicas de ahorro constituye una competencia cívica. Quien no entiende cómo funciona el dinero queda a merced de promesas políticas, de estafas, de la inflación y de la dependencia. En cambio, una ciudadanía con educación financiera puede tomar decisiones, anticiparse y no delegar su vejez en un sistema que no controla.

Esta formación se integra en la aplicación cívica nacional, la misma plataforma donde se vota y se realizan denuncias. Allí se incorporan módulos interactivos que vuelven la educación práctica, accesible y medible. El objetivo es que, desde etapas tempranas, las personas puedan simular escenarios, proyectar ahorro, comprender riesgos y desarrollar hábitos sostenibles en el tiempo.

PROHIBICIÓN DE JUBILACIONES DE PRIVILEGIO

En un esquema que elimina la jubilación estatal monetaria, desaparece también el terreno fértil para las jubilaciones especiales. Se propone eliminar las jubilaciones de privilegio para políticos, jueces o militares, así como los regímenes diferenciados. Este tema se desarrolla en detalle en el capítulo de política fiscal.

COMPARACIÓN DE MODELOS Y CONSECUENCIAS OPERATIVAS

Para entender el giro, basta contrastar conceptos centrales.

Salud: antes existía un modelo público que no alcanzaba su objetivo o lo hacía de forma muy insuficiente, y una salud privada que quedaba para pocos; aquí la salud es 100 %, financiada con los impuestos y universal para ciudadanos, con sistema de vouchers para estimular la competencia en excelencia de servicio.

Jubilación: antes era estatal y contributiva; aquí es capitalización individual privada.

Pensiones no contributivas: antes eran asistenciales;

aquí se eliminan y se reemplazan por residencias geriátricas, que son parte del sistema hospitalario, estatales con atención integral.

Financiamiento: antes se sostenía con impuestos múltiples; aquí se financia con el Impuesto Único del 10 %.

Fondo garantizado por el Estado: antes se fingía que sí; aquí no: el Estado regula y audita, pero no garantiza fondos privados.

Este enfoque busca coherencia. Si la salud es el derecho económico garantizado, la inversión y la calidad se concentran allí. Si la vejez requiere protección, se ofrece cuidado real y no dinero inflable. Y si el retiro exige seguridad, se impulsa la capitalización personal con propiedad y herencia.

Conviene señalarlo sin rodeos: este modelo no intenta hacer más amable un sistema agotado, sino cambiar la lógica que lo vuelve insostenible. No se apoya en promesas monetarias a futuro, ni en cajas que dependen de que siempre existan más aportantes que jubilados, ni en parches que terminan pagándose con inflación, deuda o impuestos cada vez más agresivos.

Lo que se propone es desplazar el centro de gravedad: el Estado garantiza salud y cuidado real en la vejez, mientras que el retiro económico queda en manos del ahorro personal, con reglas claras, trazabilidad y educación financiera obligatoria para que esa responsabilidad sea viable. Desde ahí se entienden todas las ventajas, no como beneficios aislados, sino como consecuencias directas de una arquitectura que deja de premiar la dependencia, corta los privilegios y protege lo único que sí debe resguardarse sin discusión.

CAPÍTULO 13
EDUCACIÓN

EDUCACIÓN INTEGRAL, PERSONALIZADA Y PROFESIONALIZANTE

Un sistema educativo serio empieza por una decisión ética y práctica: los niños primero. No lo planteo como una consigna emocional, sino como un criterio de diseño. Si un país quiere sostenerse, prosperar y evitar que las desigualdades se vuelvan hereditarias, debe invertir allí donde el tiempo todavía permite corregir, acompañar y potenciar. La infancia no es una etapa de espera, sino el período en el que se forman el carácter, la autoestima, el vínculo con el esfuerzo, la curiosidad y la capacidad real de aprender.

Este modelo parte de una crítica directa a dos fallas estructurales de la educación tradicional. La primera es tratar a un grupo de niños como si todos tuvieran el mismo ritmo, el mismo interés y la misma forma de comprender. La segunda es convertir la escuela en una combinación de guardería y fábrica de contenidos descontextualizados, donde el aprendizaje suele medirse por memorización y no por habilidades aplicables a la vida. Cuando se mantiene esa lógica, el resultado es previsible:

frustración, aburrimiento, desmotivación, repitencia, abandono y egresados sin herramientas concretas.

La propuesta cambia el eje. La inteligencia artificial enseña de manera personalizada, el docente guía y acompaña, y el Estado garantiza infraestructura, alimentación y materiales. El trabajo escolar sucede en la escuela, con jornada completa, acompañamiento real y recursos suficientes.

PRINCIPIOS DEL SISTEMA EDUCATIVO

El primer principio es simple: la educación se adapta a cada niño, no al revés. Cada alumno presenta una combinación única de intereses, habilidades, bloqueos, contextos emocionales y ritmos de maduración. Obligar a todos a avanzar como un bloque genera comparación permanente y produce un daño silencioso. Quien aprende más lento se siente menos capaz y quien aprende más rápido se desconecta por falta de desafío. En ambos casos se pierde potencial.

El segundo principio es igual de claro: la tecnología debe estar al servicio de la equidad, no de la moda. La inteligencia artificial permite algo que ningún docente, por más vocación que tenga, puede sostener con grupos numerosos: acompañar de manera continua un proceso individual, registrar avances, detectar patrones de dificultad, proponer rutas alternativas y ajustar la explicación a la forma en que cada niño aprende mejor.

El tercer principio ordena todo lo demás: todos egresan con una profesión base. La escuela no puede concluir en un título que no habilita a nada. A los dieciséis años, el estudiante debe contar con un oficio certificado, útil, aplicable y reconocido, que le permita trabajar en relación de dependencia o de manera independiente. Si el sistema no produce autonomía, falla.

Existe, además, un cuarto principio imprescindible: la

escuela no adoctrina. Ni en lo político, ni en lo religioso, ni en lo ideológico. La escuela forma ciudadanos capaces, responsables y críticos. Los marcos de creencias y las militancias pertenecen a la libertad individual y al ámbito familiar. La neutralidad institucional protege al niño y protege a la sociedad.

INFRAESTRUCTURA ESCOLAR ESTANDARIZADA Y DIGNA

La educación personalizada apoyada en tecnología exige un piso material que hoy muchas escuelas no tienen. Por ese motivo, el Estado no acompaña con discursos, sino con infraestructura, alimentación y materiales. Cada escuela debe construirse en un terreno de al menos una hectárea, con un diseño arquitectónico estándar, replicable y de alta calidad. La estandarización no busca uniformidad estética, sino garantizar condiciones mínimas en todo el territorio: seguridad, funcionalidad, ventilación, luz, espacios de aprendizaje técnico y áreas para actividad física.

Las escuelas deben contar con aulas amplias, luminosas y seguras; comedores integrados capaces de sostener tres comidas diarias; talleres de oficios con equipamiento real; áreas deportivas para actividad física cotidiana; espacios verdes que permitan jugar, regularse emocionalmente y respirar; red eléctrica robusta, conectividad satelital y servicios completos.

La conectividad no es un lujo. Si el núcleo del aprendizaje es una plataforma basada en inteligencia artificial, la conectividad resulta tan esencial como lo fue el pizarrón en otros tiempos. Y si se busca igualdad, esa conectividad debe ser universal. Un niño que vive en una zona vulnerable no puede recibir menos escuela que el resto.

ALIMENTACIÓN, JORNADA COMPLETA Y ELIMINACIÓN DE LA TAREA EN EL HOGAR

La jornada completa obligatoria es una decisión pedagógica y social. Es pedagógica porque permite aprender sin prisa y con acompañamiento, y es social porque protege al niño y reduce brechas originadas en el hogar. Por eso no se envía tarea para el hogar: aquello que no se logra en clase se aborda con otro enfoque, otro ritmo, otro método o con apoyo adicional dentro del horario escolar. La escuela asume la responsabilidad del proceso completo. El hogar vuelve a ser hogar, un espacio de descanso, convivencia y vida familiar, no una extensión del aula que castiga a quienes viven en contextos frágiles.

Cada niño recibe dos comidas diarias completas, sin excepción: desayuno y almuerzo (se ofrece un horario extendido hasta las 18 horas, que es optativo, donde la escuela se transformará en un club luego de las 15 hs., donde los juegos, el deporte y la nutrición pasan a ser lo importante), como así también la vestimenta que resulte necesaria para el joven. Todo esto no es como apoyo asistencial, sino como parte de un proyecto igualador de oportunidades, que es el eje central del sistema educativo. Un niño mal alimentado aprende peor, se regula peor, se enferma más y sufre más. Alimentar bien no es solo compasión, es política educativa basada en funcionamiento cerebral y bienestar emocional.

INTELIGENCIA ARTIFICIAL PERSONALIZADA COMO NÚCLEO DEL APRENDIZAJE

Cada alumno recibe una computadora portátil con software educativo basado en una inteligencia artificial nacional. Esta plataforma no funciona como un repositorio de ejercicios, sino como un sistema que aprende del alumno. Detecta intereses, habilidades y bloqueos; acelera cuando encuentra entusiasmo y dominio; reduce el ritmo cuando identifica frustración o dificultad; y ofrece distintos caminos para llegar a un mismo concepto.

El objetivo no es que el niño pase de grado, sino que aprenda sin quedar marcado por la humillación del fracaso masivo. Por ese motivo, se elimina la repitencia: el progreso es individual, por trayectorias, no por castigo colectivo. Si un niño tarda más en una competencia específica, el sistema lo acompaña; si avanza más rápido, el sistema lo impulsa.

La plataforma ofrece múltiples enfoques para explicar lo mismo: visual, práctico, narrativo, musical, interactivo, con simulaciones, con juego, con ejemplos cotidianos, con proyectos y con desafíos. Un niño puede comprender fracciones cocinando, midiendo, construyendo, diseñando o jugando; otro necesita un relato; otro necesita ver; otro necesita tocar. La inteligencia artificial permite que la explicación se adapte, sin obligar al niño a someterse a un único método.

Al mismo tiempo, la plataforma registra cada interacción y conserva memoria del proceso. Recuerda qué método funcionó, cuánto tiempo fue necesario, qué errores se repiten, cuándo aparece el cansancio y qué ejercicios potencian el aprendizaje. Esto reduce la arbitrariedad y evita que un niño se pierda sin que nadie lo advierta hasta que el problema estalla.

Este modelo no elimina lo humano, lo reordena. Lo humano deja de ser repetición mecánica y se convierte en acompañamiento real: contención emocional, organización del aula, mediación de conflictos, motivación y convivencia.

En este esquema, el docente deja de ser un transmisor único que dicta una clase uniforme para todos. Su rol pasa a ser el de guía de aula, moderador, referente emocional y organizador del proceso. Acompaña a los alumnos mientras avanzan en rutas personalizadas, detecta estados emocionales, interviene ante bloqueos o desregulaciones, organiza dinámicas grupales y sostiene el clima de aprendizaje.

La evaluación deja de apoyarse en exámenes masivos estandarizados. El docente acompaña la demostración continua de habilidades aplicables y verificables. La evaluación se integra al proceso y deja de funcionar como amenaza al final del camino. Para que esto sea posible, el docente debe contar con formación en herramientas digitales, contención emocional y resolución de conflictos. No se le exige ser psicólogo, sino estar preparado para sostener un aula real, con niños reales y con un sistema tecnológico que requiere mediación humana inteligente.

La autoridad docente no se construye sobre el miedo ni el castigo, sino sobre conducción, claridad, cuidado y coherencia. Un guía no impone por fuerza, conduce desde la comprensión del proceso.

FORMACIÓN PROFESIONAL DESDE EDAD TEMPRANA

La formación profesional desde edad temprana redefine el sentido de la escuela. Deja de ser un túnel hacia un futuro abstracto y se convierte en un espacio donde el niño aprende a hacer. Desde la educación primaria se integran áreas prácticas y técnicas y, a partir de los diez años, el alumno comienza a elegir áreas de interés para especializarse de manera gradual.

Las áreas integradas incluyen, de manera explícita:

Construcción: nociones de obra, herramientas, electricidad y seguridad básica.

Campo: producción agroecológica, cuidado animal y

manejo de maquinaria básica.

Mecánica: motores, herramientas y reparación doméstica funcional.

Cocina y alimentación: nutrición, cocina cotidiana y manipulación segura.

Tecnología: programación, electrónica y robótica.

No se trata de jugar a los oficios. Se trata de desarrollar habilidades reales, enseñar respeto por el trabajo y permitir el descubrimiento temprano de vocaciones. Un niño puede encontrar sentido en la mecánica, en la cocina, en el diseño, en el cuidado animal, en la construcción o en la programación, y ese sentido se traduce en autoestima. Cuando un niño comprueba que puede crear algo útil, cambia su relación con el mundo: deja de ser espectador y se reconoce como alguien capaz.

Este enfoque redefine también qué contenidos tienen valor. Se prohíbe la enseñanza basada en memorización inútil y en contenidos no aplicables a la vida. Lo básico se enseña con rigor: lectura, escritura funcional, matemáticas operativas, comprensión de instrucciones, pensamiento lógico, expresión y resolución de problemas. Al mismo tiempo, se evita transformar la escuela en un museo de tecnicismos desconectados de la experiencia real del alumno.

El criterio es claro. Lo esencial se domina; lo accesorio no se impone como castigo. El tiempo restante se invierte en potenciar la veta particular de cada estudiante. Si un niño muestra talento para la programación, la escritura, un oficio, el deporte o el diseño, el sistema lo acompaña para desarrollar esa capacidad con seriedad. El país gana ciudadanos competentes y el niño gana destino.

A los dieciséis años, el alumno egresa con título secundario y con un oficio certificado y habilitado. Egresar significa una salida real, no un papel simbólico. Significa que, si desea trabajar, puede hacerlo; si quiere emprender, dispone de herramientas; y si elige continuar estudios superiores, lo hace desde un piso de autonomía y no desde la dependencia.

En ese momento, el Estado reconoce al joven como ciudadano pleno, con acceso a licencias de conducir, inscripción fiscal, banca digital y los mecanismos de vida cívica correspondientes. La lógica es coherente: si se forma a alguien para ser autónomo y productivo, se le reconoce esa condición. Del mismo modo, se establece un marco de responsabilidades. A los dieciséis años, el joven deja de ser tratado como un niño eterno. Si el sistema educativo lo prepara de verdad, también lo habilita.

Este modelo no funciona si se lo deja contaminar por prácticas que lo contradicen. Por eso establece prohibiciones claras:

- Prohibido mandar tarea para el hogar.
- Prohibido repetir de grado.
- Prohibido estructurar exámenes estándar masivos.
- Prohibido enseñar contenidos no aplicables a la vida como memorización inútil.
- Prohibido adoctrinamiento político, religioso o ideológico.

Estas prohibiciones no son extremas, sino defensas del diseño. Si se permite la repitencia, reaparece el castigo. Si se habilitan los exámenes masivos, vuelve la homogeneización. Si se tolera el adoctrinamiento, la escuela se convierte en herramienta de facciones. Si se reinstala la tarea en casa, reaparece la desigualdad doméstica como criterio de rendimiento.

EVALUACIÓN DE RESULTADOS CON AUDITORÍA Y DATOS PÚBLICOS

La evaluación se centra en resultados reales y en bienestar, no en métricas vacías. Cada escuela es auditada por una inteligencia artificial educativa central y los datos de progreso son públicos y comparables, lo que impide que la calidad educativa quede oculta detrás de la burocracia. Se miden, como mínimo, cuatro dimensiones: felicidad y salud mental del niño, desarrollo de habilidades duras y blandas, inserción laboral efectiva a los dieciséis años y participación ciudadana con compromiso social.

Medir salud mental y bienestar no implica convertir la escuela en una clínica, sino reconocer una realidad básica: un niño emocionalmente dañado no aprende. Un niño sometido a estrés permanente no desarrolla su potencial. Por eso, la contención emocional y el clima escolar no son un complemento, sino parte del núcleo del sistema.

La inserción laboral efectiva funciona como prueba de realidad. Si los egresados no pueden trabajar con lo aprendido, el sistema debe corregirse. La participación ciudadana evalúa un aspecto igualmente central: que el joven comprenda su rol social, su responsabilidad y su vínculo con la comunidad.

La educación se financia íntegramente con el Impuesto Único del 10 %. Dentro del presupuesto nacional se establece una proporción mínima del treinta por ciento destinada a educación. No se trata de lo que sobra, sino de una prioridad estructural.

La prioridad absoluta son los niños que viven en zonas vulnerables. No como gesto de caridad, sino como estrategia de país. Allí donde el sistema resulta más necesario es donde se interviene primero. Si el objetivo es una equidad real, se comienza por el lugar donde el niño depende más de la escuela para alimentarse, estar seguro, acceder a tecnología, recibir contención y contar con una salida laboral concreta.

Este modelo ofrece beneficios claros. El primero es que el foco vuelve al niño. Cuando cada alumno aprende a su ritmo, sin estrés ni humillación, mejoran la salud mental, la convivencia y el aprendizaje. Se abandona la tiranía del promedio y se prioriza el proceso individual, con un estándar mínimo de competencias esenciales y un desarrollo fuerte de la vocación.

El segundo beneficio es la salida laboral real. Egresar con un oficio certificado rompe el pasillo hacia la frustración. El joven no queda condenado a esperar algún trabajo, sino que puede ofrecer una habilidad concreta, emprender, integrarse y aportar. Esto reduce de manera directa la delincuencia, la dependencia y el vacío social.

El tercer beneficio es el aprendizaje significativo. Lo que se enseña se aplica en la vida: resolver problemas, leer y escribir para funcionar, operar con números para administrar, comprender instrucciones, usar tecnología, cocinar, reparar, construir, programar y diseñar. La escuela deja de ser teoría desconectada y se convierte en un taller de vida.

El cuarto beneficio es la inclusión y la protección. Jornada completa, dos o tres comidas diarias, contención emocional y un espacio seguro. Para muchos niños, la escuela deja de ser solo un lugar de clases y se convierte en la estructura más estable del día. Esto no solo alimenta el cuerpo, sino que ordena la mente, reduce la ansiedad, crea hábitos y construye confianza.

El quinto beneficio es la tecnología al servicio de la equidad. Todos acceden a enseñanza de alta calidad, porque el motor de personalización no depende de la capacidad de pago de una familia. La inteligencia artificial democratiza el acompañamiento individual y el docente, liberado de repetir lo mismo para todos, puede concentrarse en lo esencial: sostener al niño, guiarlo, ayudarlo a destrabar y construir un aula donde aprender no sea un castigo.

En definitiva, este modelo fija una idea central. La escuela no es una guardería ni una fábrica de memorización. Es el lugar donde se forma un ciudadano capaz, con oficio, con autoestima, con habilidades y con futuro. Cuando los niños se colocan primero de manera real, no existe reforma más poderosa.

CAPÍTULO 14
UNIVERSIDAD

La universidad, tal como funciona hoy en muchos países, se ha convertido en un problema tanto moral como económico. Hablo de un problema moral porque toca un punto que casi nadie se atreve a mirar de frente: cuando se afirma que la universidad es «gratuita», en realidad se está ocultando que alguien más la paga con sus impuestos. Y ese alguien suele ser quien menos puede hacerlo. Es la persona trabajadora con ingresos ajustados que compra alimentos básicos y paga impuestos sin margen de escape; es quien nunca pisará una facultad, pero sostiene el sistema con cada compra, con cada factura y con cada impuesto indirecto.

Cuando ese dinero, que proviene de personas que viven con lo justo, termina financiando carreras extremadamente costosas para individuos que no aportan valor al país, que abandonan por falta de esfuerzo o que emigran sin devolver nada, desaparecen la justicia, la eficiencia y cualquier horizonte de futuro. Puede resultar incómodo decirlo de este modo, aunque el problema no es la educación superior en sí, sino el modelo mental que la rodea. Se asume que lo existente es bueno por defecto, o que el Estado puede regalar algo sin que ese regalo tenga un costo humano oculto en otro punto del sistema.

Desde esta perspectiva, planteo una idea sin romanticismo: la educación superior financiada con impuestos debe destinarse únicamente a ciudadanos excepcionales, personas que demuestren mérito sobresaliente y un compromiso real con el país. No porque el resto no tenga valor, sino porque el dinero público no surge de la nada. Es el resultado del trabajo de otros. Y cuando ese esfuerzo colectivo se utiliza sin criterio, el sistema termina empobreciendo a quienes ya están abajo y premiando a quienes aprenden a vivir de él.

La universidad no es para cualquiera, y esto no constituye un insulto, sino una realidad técnica. Si alguien va a operar a un niño, diseñar un puente, desarrollar un medicamento, pilotar un avión con cientos de pasajeros o dirigir un proyecto de alto impacto, la mediocridad no es aceptable. En esos contextos no se elige por simpatía, por relato, por ideología ni por pertenencia, sino por capacidad y responsabilidad. En la vida real, cuando hay vidas en juego, el mérito no se negocia.

Por esa razón, si un país decide financiar la universidad con impuestos, lo coherente es que financie excelencia. Para ello, el concepto de «excepcional» debe definirse de forma medible y verificable, no emocional. Propongo que el acceso a la universidad financiada por el Estado se limite a quienes se encuentren dentro del cinco por ciento superior de rendimiento académico a nivel nacional, demuestren disciplina, constancia y una motivación extraordinaria, y superen un examen nacional de desempeño intelectual administrado por inteligencia artificial, diseñado para reducir sesgos y medir capacidades reales.

En este esquema, el ingreso no depende del nivel socioeconómico, de contactos, de instituciones privadas ni de calificaciones arbitrarias. Depende del mérito comprobable. Un examen nacional bien diseñado no es un capricho, sino una defensa del talento auténtico, especialmente del que nace en hogares sin recursos. Cuando el sistema se apoya en recomendaciones, acomodos o vías opacas, el talento pobre siempre pierde. Cuando se apoya en desempeño verificable, el talento brillante tiene una oportunidad real.

Además, una universidad concentrada en formar a los mejores deja de ser un depósito masivo y se convierte en un centro de alto nivel. En ese contexto, la exigencia es posible, la auditoría es viable y la calidad se sostiene. Ahí es donde se construye país.

Cuando el Estado decide financiar a estos estudiantes excepcionales, no lo hace de manera parcial. Cubre matrícula, materiales, tecnología, prácticas profesionales e investigación. Todo ello implica un costo elevado. Precisamente por eso es importante decirlo con claridad: no se trata de un regalo, sino de una inversión en talento.

Invertir supone destinar recursos con la expectativa de un retorno social y productivo. Ese retorno no se obtiene mediante discursos ni agradecimientos simbólicos, sino a través de responsabilidad estructurada. Por ese motivo, quien recibe esta inversión asume una obligación clara: devolver el costo total de su formación.

Esta idea suele incomodar a quienes están habituados a la narrativa de que todo es un derecho sin contrapartida. Sin embargo, la lógica es sencilla. Si una persona estudia durante años una carrera costosa con dinero público, luego obtiene altos ingresos durante décadas y se queda con todo el beneficio individual, mientras quienes financiaron su formación continúan en la misma situación económica o peor, la justificación ética se desmorona. Resulta legítimo preguntar por qué quienes pagaron no reciben nada a cambio.

Aquí aparece una cuestión que no debería esquivarse: si alguien recibe universidad financiada por el conjunto de la sociedad, no hay razón para que la sociedad no recupere lo que invirtió. Si ese conocimiento genera ventajas, ingresos y oportunidades, el costo no puede enterrarse como si se tratara de un subsidio eterno. El subsidio eterno termina siendo una forma de abuso.

La devolución no debe aplicarse sobre el ingreso, porque eso castigaría el trabajo, el esfuerzo y la productividad. Propongo que se realice de forma automática sobre el consumo futuro, mediante retenciones integradas al Impuesto Único del 10 %. De este modo, la persona devuelve cuando consume, no cuando ahorra o invierte.

Esta distinción resulta central. Ahorrar e invertir contribuye a crear capital, empresas, innovación y estabilidad. Penalizar ese comportamiento sería contraproducente. En cambio, la devolución vinculada al consumo se integra de manera natural al flujo fiscal cotidiano, sin asfixiar la vida personal ni generar estructuras burocráticas innecesarias.

El funcionamiento se apoya en reglas simples. Se devuelve el costo total de la formación a valor actualizado, sin intereses ni multas, únicamente lo que el Estado invirtió. El ritmo de devolución se calcula de forma automática mediante inteligencia artificial fiscal, en función del nivel de consumo. No hay trámites, juicios ni intermediarios.

El objetivo es un sistema limpio, donde nadie pueda negociar deudas ni esconderse detrás de gestiones eternas. Quien devuelve lo hace sin humillación y sin persecución, porque corresponde, no por coerción. Cuando se estructura así, la universidad deja de ser un pozo sin fondo y se transforma en un circuito de inversión y retorno. El dinero recuperado financia a los siguientes talentos. La base del sistema pasa a ser la responsabilidad, no la propaganda.

Una persona con pocos recursos que paga impuestos indirectos termina, en parte, financiando universidades mientras no puede estudiar ella misma, una inequidad que plantea cuestiones fundamentales de justicia fiscal.

A esto se suma un efecto aún más dañino: la formación de profesionales incompetentes. La incompetencia tiene costos reales. Se manifiesta en errores, proyectos fallidos, infraestructura defectuosa, sistemas mal diseñados y atención deficiente. La mediocridad no es neutral. Cuando surge de instituciones que deberían formar élites técnicas, se convierte en un riesgo social.

No se trata de atacar carreras específicas, sino de reconocer patrones visibles. Se multiplican titulaciones sin salida laboral, se saturan áreas con baja exigencia y se politizan facultades enteras, mientras faltan profesionales clave o mientras los más capaces emigran porque el entorno se vuelve inviable. En ese escenario, el dinero público se diluye sin retorno.

Por todo esto, sostengo que la universidad financiada con impuestos debe producir calidad, no cantidad. No puede inflar estadísticas ni sostener el parasitismo académico, donde algunos se refugian durante décadas sin consecuencias, a costa del contribuyente. Si se decide invertir recursos colectivos en educación superior, esa inversión debe traducirse en excelencia, responsabilidad y retorno real para la sociedad.

Una de las razones por las que este tramo resulta tan relevante es que la universidad se ha transformado, en demasiados casos, en un nido de personas que viven de ella sin construir nada valioso. Se ha convertido en un escenario de militancia permanente, donde se utiliza el presupuesto universitario para hacer política, crear estructuras internas, dominar espacios e imponer agendas que nada tienen que ver con la formación de profesionales de calidad.

La universidad no puede funcionar como una incubadora de militancia subsidiada. Tampoco puede ser el refugio del estudiante eterno que aprueba tres materias en veinte años y exige más presupuesto a fuerza de consignas. De igual modo, no puede convertirse en un espacio donde la exigencia se reduce con la excusa de «no dejar a nadie atrás», porque cuando se baja la exigencia en la educación superior, lo que se fabrica es un título que ya no representa competencia real.

Quien quiera debatir ideologías puede hacerlo en su tiempo libre. La universidad financiada por el pueblo existe para formar talento productivo. Punto. Cuando esta idea se diluye, el resultado es siempre el mismo: la institución se destruye desde dentro y el costo lo paga quien menos puede.

En este punto aparece un tema que muchos intentan maquillar con frases amables. El talento puede ser libre, sí. Sin embargo, si el país pagó tu formación, no existe libertad para desaparecer sin devolver lo que el pueblo invirtió. Eso no es libertad, es apropiación. Por esta razón, cuando una persona formada con dinero público abandona el país sin haber devuelto el costo total de su educación, incurre automáticamente en deuda fiscal internacional, inhabilitación global mediante notificación blockchain y riesgo de extradición por fraude público.

No hay dramatismo en esto, hay lógica. Si alguien se lleva un coche que no pagó, se llama robo. Si alguien se lleva una inversión pública enorme y se marcha sin devolverla, se llama fraude público. La diferencia es que este último suele ser socialmente tolerado porque se disfraza de «movilidad profesional». El efecto, sin embargo, es idéntico: alguien se llevó un valor sin pagar. La idea se resume con claridad: «Si el país te pagó, primero devuelves; después haces tu vida».

El talento no queda prisionero, aunque sí queda obligado. Y esa obligación no es solo financiera, sino también ética, porque la formación fue pagada por personas que quizá no pudieron estudiar, que trabajan duro y que pagan impuestos cada vez que compran lo mínimo. A esas personas se les debe respeto.

En la misma línea, hay un punto que no admite negociación

si se busca justicia fiscal. La educación universitaria financiada por el Estado debe ser exclusiva para ciudadanos plenos. No se aceptan extranjeros residentes ni personas nacionalizadas con menos de quince años de ciudadanía efectiva y sin aportes previos significativos.

Esto no es xenofobia. Es contabilidad moral básica. Un país con pobreza estructural no puede financiar carreras costosas a quienes no forman parte del pacto contributivo de largo plazo. Quien venga del exterior y quiera estudiar puede hacerlo, aunque pagando el cien por cien del costo, sin subsidios y sin acceso a becas estatales. De este modo se protege al contribuyente local. Si no se establece este límite, ocurre una injusticia evidente: personas con recursos aprovechan un sistema subsidiado, estudian carreras largas y costosas y luego se marchan. Quienes pagan, una vez más, son los de siempre.

Existen ejemplos claros de este abuso. Miles de estudiantes de países vecinos eligen universidades donde el ingreso es más laxo y el costo inexistente. Cuando no hay filtro, el sistema se convierte en un imán para el atajo. Y si, además, es pagado por los contribuyentes locales para el extranjero, se vuelve una invitación abierta al abuso.

Incluso los países ricos que deciden financiar extranjeros lo hacen desde el excedente y con objetivos estratégicos claros. Un país con niños mal alimentados, hospitales saturados e infraestructura deficiente no puede regalar educación superior a quien no aportó. Simplemente no corresponde.

Ahora bien, este modelo no le dice a nadie «no estudies». Plantea algo más honesto: si no eres excepcional, puedes estudiar, pero pagas tu carrera. Con precios regulados, transparentes y accesibles, con auditoría estatal para evitar abusos y con la posibilidad de financiarse mediante créditos educativos privados.

Aquí el mérito no se convierte en privilegio, sino en

responsabilidad individual. Para quien no ingresa por mérito excepcional financiado por impuestos, la universidad deja de ser un derecho pagado por terceros y pasa a ser un proyecto personal, como lo es casi todo lo importante en la vida real. Cuando no hay dinero disponible, existe una vía razonable: el crédito. No obstante, el crédito debe otorgarse con criterio. No se presta a ciegas ni por compasión, sino como inversión en capacidad.

Imaginemos a una estudiante brillante, constante y disciplinada, que demuestra que puede terminar lo que empieza. Esa persona califica para crédito. Se le financia la carrera, se le ofrece un plan claro de devolución y accede a una universidad exigente, con docentes que quieren enseñar, no adoctrinar. Al graduarse y trabajar, devuelve sin asfixia, sin intereses abusivos y sin trampas.

En cambio, prestar dinero a quien fue un desastre académico, carece de constancia y busca la universidad como refugio es fabricar un fracaso costoso. Y ese fracaso, al final, siempre lo paga alguien.

Todo este sistema persigue resultados concretos:

- Meritocracia real: solo estudian financiados quienes lo merecen, por desempeño verificable.
- Justicia fiscal: el pobre deja de financiar a quien no lo merece o no devuelve.
- Retención de cerebros con responsabilidad: irse sin pagar se reconoce como fraude, no como «viveza».
- Eliminación del parasitismo académico: se termina el estudiante eterno subsidiado, el que vive del sistema sin aportar.

- Productividad nacional: el talento sirve al país antes que al exterior, o devuelve el coste si decide irse.

Y hay un efecto adicional, que suele subestimarse: cuando se instala un sistema así, la universidad recupera prestigio. El prestigio no nace de la propaganda; nace de la exigencia. Si el ingreso es por mérito y el tránsito exige rendimiento, cambia la cultura interna. La política deja de ser el centro. La excelencia vuelve a ser el centro, y eso eleva al país completo.

CAPÍTULO 15
VOTO COMO RESPONSABILIDAD

Este sistema no elimina el voto universal. Lo que elimina es el ejercicio automático e incondicional del voto. El derecho existe para todos. El ejercicio exige un mínimo de autonomía económica verificada.

EL VOTO COMO RESPONSABILIDAD: ROMPER EL CICLO DEL ASISTENCIALISMO Y BLINDAR LA DEMOCRACIA

La democracia, vista desde lejos, es una promesa hermosa. Suena razonable, casi obvia. Una sociedad elige representantes, esos representantes ejecutan un programa de ideas y el ciudadano, mientras tanto, vive su vida con la tranquilidad de que alguien está administrando el bien común. Esa es la postal. El problema es que la postal no coincide con la calle. No coincide con lo que ocurre cuando el poder se vuelve una profesión, cuando los partidos se transforman en máquinas de supervivencia y cuando el Estado deja de ser árbitro para convertirse en caja. Ahí aparece algo que casi nadie quiere mirar de frente: la democracia se puede hackear.

Se trata de construir una democracia participativa que use

las herramientas tecnológicas que ya existen para cerrar las puertas por donde entran los tramposos. No para fabricar un paraíso, porque el paraíso no existe en manos humanas, sino para elevar el costo del fraude, hacer más difícil la manipulación y devolverle al ciudadano algo básico: control.

Control sobre el dinero público, control sobre las promesas, control sobre la justicia y control sobre el propio voto. Y, en este tramo del desarrollo, especialmente, control sobre una distorsión que destruye países enteros con paciencia silenciosa: el asistencialismo convertido en sistema político. Una ayuda social puede ser un acto de humanidad; transformada en mecanismo de captura electoral, se vuelve un veneno lento.

El sistema democrático tiene un encanto inicial porque, en teoría, premia la idea. Un candidato propone, el ciudadano compara, elige y delega. Si ese candidato traiciona la plataforma, se lo castiga en la siguiente elección. Así lo cuentan los manuales, las escuelas y el relato institucional. Lo que ese relato suele omitir es el detalle más determinante: entre la teoría y la práctica existe el dinero.

Un partido necesita financiarse. Cuando la política se vuelve carrera y la campaña se convierte en industria, la financiación deja de ser un asunto secundario y pasa a ser el corazón del sistema. La pregunta incómoda aparece sola: de dónde sale la plata. Cualquiera que haya intentado organizar algo pequeño, un emprendimiento, un evento familiar o un proyecto barrial, sabe lo que cuesta mover recursos. Cuesta conseguir un espacio, cuesta imprimir, cuesta coordinar, cuesta todo. Sin embargo, la política alquila estadios, moviliza multitudes, arma escenarios, paga publicidad y despliega logística a gran escala. Y, la mayoría de las veces, esa caja no es transparente.

En algunos casos entran empresarios gigantescos con intereses claros. En otros, aparecen aportes extranjeros, directos o indirectos. En otros, mecanismos de recaudación que rozan la corrupción o el clientelismo. En otros, se menciona al narcotráfico como financista oculto. Cada país tiene su versión, sus escándalos, sus rumores, sus denuncias y sus causas dormidas. No me interesa sentenciar casos puntuales; me interesa señalar el patrón. La democracia se vuelve permeable cuando la política necesita dinero y no puede justificarlo.

Ese es el verdadero hackeo. No ocurre solo con el fraude electoral clásico. Ocurre antes, mucho antes, en la etapa en la que el candidato queda condicionado. Quien paga manda, aunque no lo diga. Quien financia compra influencia, aunque lo vista de donación. Quien tiene caja organiza; quien no la tiene desaparece. Así, un sistema que supuestamente premia ideas empieza a premiar estructuras.

Aun con este diagnóstico, prefiero mirar el vaso medio lleno. Hay gente buena, honesta, con ganas reales de hacer las cosas bien. Hay personas capaces, con ideas valiosas. Al mismo tiempo, existe una minoría, para mí, minoría, sin freno moral, dispuesta a mentir, manipular y robar con tal de quedarse. El problema es que esa minoría aprende rápido cómo funcionan las fisuras del sistema y, cuando las aprende, las explota. La tarea no es imaginar una humanidad perfecta; la tarea es construir reglas que vuelvan más difícil el abuso.

El sistema no se corrompe después, nace vulnerable. Cuando nace vulnerable, la solución no es pedir bondad a las personas. La solución consiste en diseñar un sistema en el que la trampa no sea rentable. Si tuviera que resumir lo que hoy está roto, lo diría sin rodeos. La justicia no funciona para la política y el ciudadano no controla a quien vota.

La primera falla ya quedó expuesta. Existe un circuito circular en el que la política condiciona a la justicia y la justicia, por prudencia o miedo, se vuelve lenta con la política. La segunda falla resulta todavía más humillante: el mandato sin control. El candidato promete cualquier cosa, llega al poder, hace lo contrario, cambia de bando si le conviene y el ciudadano queda mirando desde la tribuna durante años. Cuando llega una nueva elección, el ciclo se repite. Ese vacío de control alimenta todo lo demás.

En ese contexto aparecen ideologías que se aprovechan del sistema de manera letal. Movimientos que, una vez en el poder, desarman los mecanismos de alternancia y bloquean la competencia. No se trata de un debate académico, sino de un patrón histórico. Una ideología que no tolera perder no puede actuar dentro de la democracia como un participante más. Cuando un sistema democrático permite la entrada de un proyecto que busca abolirlo, termina suicidándose.

Con ese marco, el análisis avanza hacia uno de los puntos más incómodos: la relación entre el voto y la autonomía económica. El planteo no surge de la crueldad, del desprecio al vulnerable ni del elitismo, sino de la supervivencia institucional. Cuando un porcentaje grande de la población vive total o parcialmente de ayudas, se genera un incentivo perverso. El político aprende que prometer más subsidios trae votos. El beneficiario aprende que apoyar a quien promete más protege su ingreso. Cada uno actúa de manera racional en su microinterés. El resultado colectivo es desastroso.

Así se forma un ciclo de retroalimentación. Más ayuda genera más votos cautivos. Más votos cautivos impulsan más gasto. Más gasto exige más impuestos sobre la minoría productiva. Eso produce fuga de empresas, menos inversión, menos empleo y menos recaudación. La dependencia crece. El círculo termina en inflación, crisis fiscal, endeudamiento permanente o colapso de servicios básicos. Cuando se llega a ese punto, recortar se vuelve políticamente imposible, porque cualquier ajuste se percibe como un ataque existencial.

La solución institucional que propongo es dura, pero clara. Quien depende del Estado no puede votar hasta demostrar autonomía económica durante un período sostenido. En términos prácticos, dos años de autosuficiencia. No se trata de castigar al pobre, sino de impedir que el Estado compre votos con dinero ajeno.

Dicho de manera directa, quien vive del aporte de otros no puede decidir sobre ese aporte. Esta afirmación incomoda porque revela una verdad incómoda. La supervivencia de la democracia exige reglas que neutralicen el clientelismo. No toda ayuda es igual ni toda persona asistida está en la misma situación. Mezclar realidades distintas en una sola categoría es la manera más rápida de diseñar políticas injustas.

Existe un primer grupo que requiere protección integral. Se trata de personas con impedimentos reales para la autonomía económica: discapacidades físicas severas, enfermedades degenerativas avanzadas, limitaciones funcionales profundas, discapacidades cognitivas graves, demencias o trastornos psiquiátricos severos no compensados. También incluye a ancianos sin red familiar ni recursos, con dependencia parcial o total. Estas personas no son responsables de su situación. Abandonarlas sería una forma de barbarie. Cualquier sistema mínimamente humano debe ofrecerles amparo pleno. Este grupo puede votar.

Existe un segundo grupo que se encuentra fuera del sistema productivo, pero puede reinsertarse. Personas en situación de calle, muchas veces atravesadas por adicciones, problemas de salud mental, documentación incompleta y ruptura familiar. Desocupados crónicos sin calificación, expulsados por cambios tecnológicos o por una educación deficiente. Madres solteras sin red de apoyo. Migrantes o refugiados en situación de vulnerabilidad. Jóvenes expulsados del sistema educativo y laboral. En estos casos, la ayuda puede funcionar como puente si está bien diseñada, con formación real, tutorías, inserción concreta, reglas claras, metas y control. Este grupo no debe votar.

Existe un tercer grupo, el más polémico, que no está impedido ni estructuralmente excluido y, aun así, elige la dependencia. Aquí entran quienes rechazan trabajo mientras cobran subsidios, quienes combinan empleo informal con ayudas para maximizar ingresos sin aportar, economías informales crónicas subsidiadas que evitan formalizarse para no perder beneficios, fraudes, datos falsos y certificaciones manipuladas. También aparecen estructuras de militancia donde el plan social funciona como herramienta de control y el referente administra la caja a cambio de lealtad. Este grupo no necesita romanticismo. Necesita condicionalidad, auditoría y sanción cuando corresponde. Sobre todo, necesita un sistema que vuelva más rentable integrarse que permanecer fuera. Este grupo tampoco debe votar.

En mi propuesta, el derecho a votar no es automático. Funciona como una responsabilidad ligada a sostener el sistema o, al menos, a no vivir de él. El voto se suspende cuando una persona recibe asistencia estatal directa o permanente, o cuando vive total o mayormente de transferencias provenientes del esfuerzo ajeno (excepto grupo 1). La recuperación del derecho se produce después de dos años de autosuficiencia económica.

Ese período cumple tres funciones. Certifica la ausencia de dependencia estructural. Reduce la probabilidad de que el voto sea una defensa del beneficio. Demuestra una reinserción económica real y sostenida, no una maniobra temporal para habilitar el voto y volver al sistema asistencial.

Este esquema exige definiciones finas y mecanismos de control que hoy muchos Estados no tienen, o tienen capturados. Resulta necesaria una evaluación médica y social objetiva, auditorías externas e independientes de los subsidios, incentivos reales para la reinserción y sanciones claras para quienes lucran con el asistencialismo, ya sea el beneficiario fraudulento o el intermediario que arma clientela. Al mismo tiempo, la protección de los vulnerables reales debe ser absoluta, para evitar que esta regla se convierta en excusa de crueldad.

El objetivo no es humillar a quien está caído. La meta consiste en impedir que el poder use al caído como escalera. Cuando el Estado compra votos, no compra lealtad. Compra silencio, permanencia e impunidad.

Existe un punto de no retorno que muchos países cruzan sin advertirlo. Aparece cuando la cantidad de personas que recibe asistencia supera a la cantidad de contribuyentes netos. En ese escenario ocurren tres cosas, casi siempre en el mismo orden. La carga impositiva se dispara. La producción se desincentiva. La gobernabilidad fiscal se pierde. El sistema entra en modo supervivencia, con inflación, deuda, deterioro de servicios y pobreza estructural.

La tragedia es generalizada. Pierde quien trabaja y ve cómo lo exprimen. Pierde quien recibe ayuda cuando el Estado ya no puede pagar. Pierde la sociedad, que se fragmenta en resentimientos. Mientras tanto, la política profesional suele salir relativamente ilesa, porque siempre encuentra un relato para justificar su permanencia.

Por eso esta regla, que suena dura, apunta a salvar lo básico. El voto debe volver a ser una decisión sobre el futuro común, no una defensa del ingreso inmediato. El sistema necesita incentivar autonomía, no dependencia. La democracia no puede seguir funcionando como un mercado de subsidios.

Cuando la democracia es hackeable, el deber de un sistema serio consiste en cerrar sus vulnerabilidades. Hay que ser preciso: las vulnerabilidades de la democracia no son infinitas ni aleatorias. Si uno las rastrea hasta su origen, encuentra tres raíces estructurales. La primera es la fragmentación territorial en provincias o estados con poder político propio, que convierte a cada gobernador en un señor feudal moderno.

La segunda es el sistema de partidos políticos, que monopoliza el acceso al poder y transforma la representación en un club cerrado. La tercera es el poder judicial, diseñado para controlar a los otros dos, pero capturado por ellos. Son tres monstruos que se alimentan mutuamente de las fisuras del sistema, destruyéndolo y manipulándolo a su antojo. Cada capítulo de este libro ataca, directa o indirectamente, al menos una de esas tres raíces. Una de las más corrosivas se encuentra en el asistencialismo usado como herramienta electoral.

La ayuda debe existir para quien realmente la necesita, con protección plena. También debe funcionar como puente para quien puede reinsertarse. Y debe dejar de ser un modo de vida financiado por terceros. En ese contexto, el voto no puede convertirse en la moneda de cambio del circuito. El voto tiene que representar responsabilidad, no dependencia.

Pero la responsabilidad no es solo del votante. También es del candidato. Y aquí aparece una discusión que la política clásica evita: la meritocracia en la función pública.

Cuando se habla de meritocracia en política, muchas personas imaginan una élite arrogante. Yo no hablo de «superiores» e «inferiores» como seres humanos. Hablo de la responsabilidad como elección. En la vida real aplicamos un sentido común básico: vamos con quien sabe. No dejo que cualquiera me saque una muela con una pinza, voy al dentista. No dejo que cualquiera diseñe un puente, busco un ingeniero. No dejo que cualquiera recete medicamentos, voy al médico. Sin embargo, aceptamos esa lógica en todo y la negamos justo en el lugar donde se administran impuestos, seguridad, justicia, deuda y futuro.

Gobernar no es tener buenas intenciones. Gobernar es gestionar sistemas complejos con recursos finitos. Y el político profesional, en demasiados casos, es una persona que nunca administró un negocio real, nunca enfrentó el riesgo de no vender, nunca tuvo que pagar sueldos sin saber si iba a entrar dinero, nunca sintió la presión de competir en la calle. Eso se nota después en la ideología del reclamo permanente: «tengo derecho a», «exijo que», «el Estado me debe». Esa mentalidad, llevada al poder, destruye países, porque las necesidades son infinitas y los recursos son finitos. Si tienes cien manzanas y mil personas, repartir no resuelve, reparte miseria. El verdadero desarrollo no se logra repartiendo lo que existe, se logra incentivando que haya más árboles, más producción y más riqueza real.

Esa diferencia se ve en todas partes. Cuando se fijan precios por decreto, el pan desaparece. Cuando se castiga al que produce, deja de producir. Cuando se premia la dependencia, la dependencia crece. Esto no es una teoría de café, es un mecanismo repetido en la historia. Por eso, en el sistema que propongo, la democracia moderna no puede ser un concurso de promesas, tiene que ser una arquitectura de incentivos donde el voto y la candidatura respondan a un piso de responsabilidad.

El filtro no es solo para el votante. También es para el candidato. ¿Cómo se garantiza una selección basada en mérito y no en favores? Con reglas objetivas y con un diseño que haga caro mentir. Si un candidato no puede demostrar trayectoria real, queda fuera. Y aquí quiero ser muy claro: no sirven los profesionales del reclamo, los que nunca fueron emprendedores. Tienen que haber sido emprendedores y haber generado como mínimo dos puestos de trabajo, y mantenido su actividad por veinte años consecutivos, pagado impuestos, no tener causas penales, básicamente triunfado en su misión.

Tampoco sirven los supergerentes. Los CEO de empresas que viven fuera del día a día, no conocen la calle y no interactúan con la persona común, muchas veces protegidos por monopolios y acuerdos con el mismo gobierno. Lo que sirve es gente que conoce la calle y compite sin red: el panadero que pelea cada día con otras panaderías, el mecánico que, si hace mal un trabajo, se queda sin clientes, la persona que tiene diez, veinte o treinta empleados y sabe lo que es sostener una nómina, pagar insumos, lidiar con temporadas malas y resolver problemas sin pedirle a nadie que lo rescate.

Hay una escena que para mí resume esto con brutalidad. Afuera de un consulado, un hombre ciego, probablemente de nacimiento, vendía donas de azúcar con una sonrisa que desarmaba. Tenía a su lado a una mujer con discapacidad que le ayudaba a recibir el dinero. Él ofrecía su producto, trabajaba, sostenía, producía. Incluso tenía, en los hechos, un asistente, alguien que vivía de lo que él generaba.

Esa persona, con esa adversidad, no se rendía ni usaba los derechos como excusa. Eso es responsabilidad. Y ese perfil, no la pantomima del emprendedor, sino la prueba real de que ni el nivel de estudio ni el nivel económico que tengas te limita para que des un servicio o produzcas un bien que la sociedad necesita. Este es el tipo de persona que necesita un país en política, porque entiende el valor del esfuerzo y el costo de cada decisión.

Esta idea se conecta con otra. Hoy se llega a la política sin capacitación, y eso es parte del engaño. Se prometen soluciones como si fueran frases. Un dirigente capacitado, por el contrario, habla en plazos, recursos y etapas. Dice: «Esto lleva dos años», «hay que formar fuerzas especiales», «hay que preparar a la policía», «hay que planificar». El ignorante dice: «Lo arreglo mañana». Y como la democracia actual premia al que promete más, termina eligiendo al que miente mejor o al que ignora más profundamente.

Por eso el sistema tiene que resolver el problema de la información del votante. En el modelo tradicional se vota por impulso, propaganda, miedo o identidad tribal. En el modelo que propongo, antes de votar una medida concreta, el ciudadano recibe un resumen claro y obligatorio, con un mínimo de comprensión. No es censura, es higiene democrática. Si alguien no quiere leer, no vota ese tema. Si quiere votar, debe entender lo que está votando. La democracia no puede seguir siendo una ruleta emocional. La elección final es clara. O se incomoda con reglas que corten el clientelismo, o se acepta una democracia permanentemente capturada.

El sistema se presenta como noble, se enseña como noble y se vende como noble. Luego se lo ve funcionar y se entiende el desencanto. El problema no es que la gente sea mala. El problema es que el diseño habilita la trampa. Si los partidos necesitan fortunas para existir, buscarán ese dinero donde sea. Cuando ese dinero entra, la democracia ya está intervenida antes de que el ciudadano vote. Eso es hackeo institucional.

Mi propuesta se puede definir de manera simple, aunque su implementación sea compleja. Se trata de una democracia participativa apoyada en herramientas tecnológicas, pensada para que la trampa sea más difícil, más cara, más rastreable y menos rentable. El objetivo es que el ciudadano deje de ser espectador, que la representación deje de ser una licencia para hacer cualquier cosa y que la política deje de funcionar como un software viejo lleno de agujeros.

CAPÍTULO 16
MIGRACIÓN

La migración se ha convertido en un tema tan emocional que, con frecuencia, se discute como si la sensibilidad pudiera reemplazar a la ingeniería social. La sensibilidad importa, y nadie mínimamente decente debería negarlo; el problema aparece cuando se confunde la compasión con la ausencia de reglas. Ayudar no es lo mismo que entregar sin condiciones los derechos, los beneficios y el poder institucional de una comunidad a quien acaba de llegar, porque en ese punto se rompe el contrato social, y lo hace de la manera más injusta posible: no en los barrios acomodados, sino allí donde el sistema ya está al límite.

Un país no es una idea abstracta flotando en el aire, sino una obra concreta construida a lo largo del tiempo. Rutas, escuelas, hospitales, tribunales, redes de agua, infraestructura, seguridad y administración pública conforman una estructura que tiene una factura histórica. Esa factura no la paga un ente abstracto llamado Estado, como si produjera riqueza por generación espontánea, sino personas reales que sostienen el sistema con sus impuestos y con su esfuerzo cotidiano: trabajadores, comerciantes y familias que compran lo esencial y, aun así, cargan con una parte del costo común en cada transacción. Este dato, que a menudo se trata como un tecnicismo menor, es el núcleo del problema, ya que quien entra a un país entra a un espacio donde casi todo ya fue financiado por otros.

Esa realidad obliga a ordenar el debate a partir de una idea que no admite maquillaje: un país no le debe nada a quien entra. Puede recibirlo, permitirle trabajar, abrirle una vía legal y, cuando la situación lo exige, asistirlo de manera humanitaria. Esa asistencia, sin embargo, no convierte al invitado en propietario. Nadie llega a una casa ajena con autoridad para dictar las normas de esa casa. El anfitrión puede compartir la mesa; el invitado no puede exigir el menú. El anfitrión puede ofrecer un cuarto; el invitado no puede reclamar la habitación principal. En ese marco, los límites no representan crueldad, sino respeto por el esfuerzo ajeno y protección del equilibrio interno.

He visto este patrón repetirse demasiadas veces: se empieza confundiendo hospitalidad con obligación ilimitada, se continúa concediendo beneficios sin reciprocidad y se termina saturando el sistema, con un desenlace siempre similar, marcado por frustración, resentimiento y ruptura social. Cuando eso ocurre, la migración deja de ser un camino de integración y pasa a convertirse en una fuente permanente de conflicto.

Desde ahí resulta necesario definir sin eufemismos quién es ciudadano y quién es inmigrante, qué derechos pertenecen a la soberanía interna, qué beneficios se sostienen con impuestos, qué reglas operativas impiden el abuso y qué consecuencias reales existen cuando alguien intenta vivir del sistema sin aportar. La migración no es negativa en sí misma; la migración descontrolada, en cambio, funciona como una forma silenciosa de colapso.

La primera decisión es conceptual, aunque su efecto es completamente práctico: ciudadano e inmigrante no son lo mismo. El ciudadano forma parte del contrato social, fiscal y político del país, mientras que el inmigrante es una persona admitida bajo condiciones claras, con un objetivo central, que es aportar. Confundir estas categorías destruye el sentido de pertenencia, rompe los incentivos y vuelve regresivo al sistema, ya que termina financiando al recién llegado con el dinero de quienes ni siquiera logran cubrir lo básico.

Los derechos soberanos, aquellos que definen el rumbo institucional y la administración de lo común, pertenecen al ciudadano, no por una supuesta superioridad moral, sino por coherencia. Un país se construye con generaciones de esfuerzo, y la llave que abre y cierra su dirección política no puede quedar en manos de quien acaba de llegar.

En este marco, solo los ciudadanos pueden votar, acceder a educación financiada por impuestos, participar del sistema de salud público sostenido por el presupuesto común y ocupar cargos públicos. La razón es sencilla: votar y ocupar cargos no son beneficios, sino herramientas de soberanía. Del mismo modo, la educación y la salud financiadas con impuestos no son regalos, sino servicios sostenidos por el esfuerzo fiscal de una comunidad y, por tanto, sujetos a límites materiales y presupuestarios. Abrirlos sin control no los vuelve más humanos, sino directamente inviables.

Esta distinción incluye también un componente cultural que suele ignorarse. Un país no es solo infraestructura, sino un conjunto de hábitos, acuerdos tácitos, normas de convivencia y valores constitucionales. Integrarse exige respeto. Quien llega lo hace para sumarse, no para reemplazar.

Un país puede recibir inmigración y seguir siendo justo con sus ciudadanos únicamente si mantiene una regla estricta: no convertirse en una carga para el sistema impositivo. La formulación puede sonar dura, aunque es la única que evita que la solidaridad derive en suicidio administrativo. Todos los países tienen pobreza, personas en situación de calle y urgencias internas, mientras que el presupuesto no es infinito y los servicios públicos tienen límites físicos muy concretos. Cuando se abren sin control las puertas de los beneficios financiados por impuestos, el resultado no es una utopía compasiva, sino el colapso, que golpea primero al ciudadano con menos recursos.

En consecuencia, ningún inmigrante puede recibir dinero, subsidios, beneficios o prestaciones estatales. No hay planes sociales, alimentos subsidiados, energía subvencionada ni jubilación pública financiada por el sistema común. La residencia legal implica obligaciones claras: pagar un seguro médico obligatorio, cubrir los gastos educativos, judiciales y legales con recursos propios, no acceder a planes sociales ni subsidios de consumo y no ocupar camas del sistema hospitalario público, salvo en situaciones de vida o muerte, con facturación posterior y continuidad cubierta por su seguro.

La urgencia vital se atiende, porque esa es la línea mínima de humanidad y civilización. Nadie debería morir en una puerta por un tecnicismo administrativo. La atención de emergencia se presta y el costo se registra, manteniendo el sistema como una red de contingencia y no como un mecanismo de dependencia permanente.

La educación responde a la misma lógica. El inmigrante puede estudiar, ya que el conocimiento no se censura, aunque el punto central no es el acceso al aula, sino el financiamiento. Si la educación se sostiene con impuestos del ciudadano, el inmigrante no puede apropiarse de ese subsidio. Puede formarse pagando el costo total, sin becas estatales ni beneficios automáticos, incluso en universidades públicas con precios regulados y transparentes, siempre que no se cargue al contribuyente.

Esta regla no busca humillar, sino evitar una injusticia mayor: que un país con problemas internos profundos termine sosteniendo dependencia importada mientras abandona a quienes ya viven dentro del sistema y no llegan a fin de mes. La solidaridad sostenible necesita límites, y los límites protegen la solidaridad.

En la misma coherencia, el derecho al voto se reserva de manera permanente a los ciudadanos. El voto define prioridades, leyes, endeudamiento, justicia, seguridad, educación e impuestos, por lo que no se concede por residencia, simpatía ni presión. El inmigrante puede integrarse socialmente, trabajar y prosperar, aunque el voto no forma parte de ese conjunto de derechos.

La restricción se extiende a la postulación a cargos públicos, al financiamiento de campañas y a la operación de estructuras partidarias, ya que una cosa es abrir una puerta para desarrollarse y otra muy distinta es entregar la llave del rumbo político a quien no pertenece al núcleo de ciudadanía. Un país puede ser hospitalario sin renunciar a su autodeterminación.

Este punto exige precisión, ya que muchos sistemas actuales lo tratan como un automatismo, según el cual nacer dentro del territorio equivaldría de inmediato a ciudadanía plena. Desde mi criterio, ese automatismo constituye una fuente de abuso y una forma de degradar el sentido de pertenencia.

La ciudadanía profunda no surge de un trámite rápido ni de una coincidencia geográfica, sino de arraigo, historia e integración real. Un hijo nacido poco después de la llegada de sus padres comienza a disfrutar de toda la infraestructura desde el primer día, mientras su formación íntima queda marcada de manera natural por la cultura, la narrativa y los valores de origen familiar. No hay reproche en esa constatación, solo descripción. Convertir ese hecho en ciudadanía plena inmediata crea un atajo que incentiva la migración instrumental y, al mismo tiempo, habilita conflictos de identidad y de lealtad institucional.

En consecuencia, la ciudadanía por nacimiento no opera como un botón automático cuando los padres son inmigrantes recientes. El estatus del niño puede existir en términos de residencia, derecho a vivir, a estudiar bajo reglas claras y a integrarse socialmente, mientras que el acceso a derechos soberanos, como el voto, los cargos públicos o los beneficios financiados por impuestos, queda suspendido. La pertenencia política madura con el tiempo.

Una formulación más estricta sitúa la ciudadanía plena en una segunda generación ya formada dentro del país, con integración demostrable y una conducta compatible con la Constitución. Se puede vivir dentro del país sin ser ciudadano pleno, ya que la ciudadanía no es un requisito para existir, sino un reconocimiento de pertenencia profunda.

El ingreso ilegal endurece todo el esquema. Cuando la entrada se produce de manera irregular, no puede existir ningún premio derivado. La ilegalidad no se transforma en una puerta trasera hacia derechos que el ciudadano sostiene con obligaciones, ya que premiar la ruptura de la regla de ingreso convierte la frontera en ficción y empuja al sistema al colapso.

Un régimen migratorio serio se construye a partir de condiciones previas, no de improvisación posterior. La puerta existe, aunque cuenta con bisagras firmes. Quien entra lo hace bajo reglas explícitas y verificables. Todo inmigrante legal debe contar con un patrocinio legal o laboral, de modo que exista una empresa, institución o patrocinador responsable que demuestre la existencia de un lugar productivo real. El país no recibe personas para que caigan al vacío y luego exijan sostén estatal; el ingreso se ordena desde el trabajo y la autosuficiencia.

Asimismo, el inmigrante debe firmar una declaración jurada en la que acepta no exigir beneficios sociales y renunciar a cualquier reclamo judicial contra el Estado para obtenerlos. Este punto resulta esencial, ya que, sin esa declaración, el sistema queda expuesto a la estrategia más habitual: entrar con condiciones y litigar después para convertir esas condiciones en derechos absolutos. La hospitalidad no puede transformarse en chantaje.

La admisión también exige prueba de solvencia o un contrato de trabajo previo, dado que no se basa en discursos, sino en capacidad verificable de sostenerse. El país no funciona como una red de soporte global, sino como una comunidad con obligaciones internas. A ello se suma la aceptación de una permanencia condicional, ya que la residencia no es ilimitada por defecto, sino que queda sujeta al cumplimiento de reglas, a la ausencia de fraude, al respeto de la ley y a la no dependencia del Estado. Este régimen no prohíbe la migración, sino que la ordena. La migración ordenada resulta compatible con el progreso, mientras que la migración descontrolada conduce a la saturación y al conflicto.

La severidad en este punto no cumple una función decorativa, sino preventiva. Una sola grieta en materia migratoria se multiplica por miles. Cuando el sistema tolera el abuso, se convierte en un imán de abuso; cuando lo sanciona con rapidez, el abuso se reduce. La regla operativa es clara: deportación automática para todo inmigrante que incurra en fraude o dependencia del Estado.

Esto incluye el uso de documentos falsos, la ocultación de ingresos o patrimonio, la recepción de ayuda estatal de forma directa o mediante intermediarios, el envío de dinero al exterior sin tributar conforme a las reglas del país y la promoción de ideologías o prácticas contrarias a la Constitución y al orden cívico del país receptor.

La permanencia es un privilegio condicional que se pierde cuando se viola el contrato de ingreso. Esta cláusula no busca generar un clima de persecución, sino impedir que el sistema sea capturado por quienes entran a explotar beneficios y proteger a quienes sostienen el país con su trabajo.

La diferencia entre ciudadano, inmigrante legal e inmigrante ilegal se vuelve evidente cuando se observa sin eufemismos. El ciudadano cuenta con derechos soberanos y beneficios financiados por el presupuesto común, con permanencia ilimitada. El inmigrante legal puede residir y prosperar, aunque su permanencia es condicional, su salud se cubre mediante seguro, su educación se paga al cien por ciento y nunca accede al voto ni a subsidios. El inmigrante ilegal queda fuera del contrato: no hay permanencia, no hay derechos derivados ni premio por eludir el ingreso formal.

Esta arquitectura responde también a un problema técnico que suele omitirse por temor a parecer severo. Los servicios públicos se diseñan con proyecciones demográficas, y escuelas y hospitales se dimensionan calculando crecimiento poblacional, densidad y recursos humanos. Una llegada repentina de población en un municipio pequeño, o incluso en una gran ciudad, altera esa ingeniería: las aulas se saturan, los hospitales se quedan sin camas, el personal se agota y la calidad cae. El resultado es que el país termina ofreciendo peor educación y peor atención tanto a quienes ya vivían allí como a quienes llegan. Nadie gana en ese escenario.

Ayudar sin hundirse también es una forma de ética. La ayuda humanitaria puede existir con plazos, condiciones y salida, mediante asistencia básica, protección ante emergencias y apoyo temporal. La permanencia indefinida financiada por el contribuyente local no constituye ayuda, sino una transferencia obligatoria sin consentimiento, y ese tipo de transferencia rompe el tejido social. La solidaridad sostenible necesita reglas, y un país que no se protege a sí mismo pierde la capacidad de ayudar a cualquiera.

Mi objetivo final es devolver a la migración su carácter serio, entendido como una decisión acompañada de responsabilidades. La puerta existe, la casa recibe, el trabajo integra y el abuso se expulsa. La identidad nacional se protege sin gritos, a través de reglas claras. Los recursos públicos se defienden sin discursos grandilocuentes, mediante coherencia fiscal. La justicia para el trabajador local se preserva evitando la competencia con mano de obra subsidiada o con sistemas colapsados. El control demográfico deja de ser un tabú y se convierte en planificación. Ser de un país vuelve a significar pertenencia real, con obligaciones mutuas, con historia y con límites que hacen posible la convivencia.

CAPÍTULO 17
ADULTEZ CÍVICA Y SERVICIO COMÚN

Una sociedad no se sostiene únicamente con buenas intenciones, sino con hábitos que se repiten en el tiempo y que nacen de una combinación incómoda, pero necesaria, de educación, ejemplo, límites y consecuencias. Cuando esa combinación falla, aparece un fenómeno que suele presentarse como progreso, aunque en la práctica produce el efecto contrario: la expansión ilimitada de derechos proclamados junto a una contracción silenciosa de las responsabilidades asumidas. Se exige cada vez más al Estado, se reclama cada vez más a la comunidad y se delega cada vez más en «otros», mientras se reduce el compromiso personal con lo mínimo indispensable.

Este sistema no parte de la ilusión ingenua de que todos actuarán con virtud. Parte de una premisa más austera y realista: cada persona elige su nivel de responsabilidad. La responsabilidad no puede imponerse completamente por la fuerza sin derivar en un esquema autoritario, y la libertad de elegir incluye, inevitablemente, la posibilidad de elegir mal. Una democracia adulta no puede funcionar si pretende fabricar ciudadanos ejemplares por decreto. El objetivo, por lo tanto, no es moralizar ni obligar, sino diseñar una arquitectura institucional en la que las decisiones tengan costo, el esfuerzo tenga recompensa, la irresponsabilidad deje de ser rentable y el paso a la adultez sea una transición real, no una etiqueta administrativa vacía.

La vida cotidiana ya opera con esa lógica, aunque muchas veces se la ignore en el discurso político. Conducir un vehículo, por ejemplo, no es un derecho natural, sino una facultad que se obtiene tras demostrar una competencia mínima, aceptar reglas, rendir exámenes, pagar tasas, mantener seguros y comprender riesgos. Nadie recibe una licencia de conducir por simpatía, por afinidad ideológica o por pertenencia social, sino por capacidad verificable. Un automóvil mal conducido puede matar, lo mismo que un camión o una ambulancia, y la sociedad lo entiende con claridad suficiente como para imponer umbrales y exigir aprendizaje.

Las profesiones que operan herramientas críticas siguen el mismo principio. Recetar medicamentos, administrar anestesia, firmar una obra, diseñar una estructura o manipular sistemas peligrosos exige años de formación y un marco de responsabilidad legal y moral. La comunidad se protege limitando esas facultades a quienes demostraron estar preparados. Nadie desea puentes firmados por improvisados, quirófanos a cargo de aficionados ni sistemas de control aéreo gestionados por personas con buena voluntad, pero sin competencia. En esos ámbitos, la noción de derecho se subordina sin discusión a la noción de responsabilidad.

La política, de manera paradójica, suele escapar a esta lógica. Se toman decisiones sobre educación, seguridad, justicia, deuda, impuestos, gasto público y prioridades nacionales, decisiones que afectan a millones de personas y que pueden hipotecar décadas enteras, y, aun así, se tolera un sistema en el que la comprensión mínima no es requisito, la manipulación emocional se vuelve método y el voto puede quedar capturado por propaganda o incentivos de corto plazo. Cuando el resultado es negativo, aparece entonces el reflejo peligroso de buscar un «supremo», un «salvador» o un «líder fuerte» que resuelva el caos desde arriba. Ese camino suele terminar siempre del mismo modo: concentración de poder y erosión de libertades.

La salida propuesta aquí es distinta. No se elimina el voto universal, no se construye una aristocracia de títulos ni se restringe la ciudadanía a un grupo de supuestos iluminados, porque eso solo trasladaría la injusticia de lugar. En vez de reducir el número de votantes, se eleva el estándar cultural del acto de decidir. Se construye un país donde la adultez implica asumir obligaciones concretas y donde esas obligaciones se viven primero como experiencia personal antes de convertirse en discurso político.

En ese punto aparece el núcleo del planteamiento: la adultez comienza antes de lo que la política suele fingir, y la responsabilidad cívica no surge de manera espontánea. Se forma. A los dieciséis años, una persona ya no es un niño. Esta afirmación incomoda a quienes confunden protección con infantilización, cuando en realidad proteger no implica negar la transición biológica y psicológica hacia la adultez, sino acompañarla con reglas claras, formación adecuada y responsabilidades graduales. En este sistema, los dieciséis años marcan el inicio de una adultez joven, una etapa en la que la persona puede asumir compromisos concretos, integrarse a la vida productiva y comprender que la sociedad no es un servicio a demanda, sino un pacto sostenido por obligaciones mutuas.

La educación secundaria se completa a esa edad, no por apuro ni por compresión arbitraria de contenidos, sino mediante una reorganización de la formación que permita que la escuela deje de ser una sala de espera y se convierta en una base real. El núcleo de esta etapa no es únicamente académico.

Incluye formación laboral básica, desarrollo de habilidades prácticas, disciplina mínima, respeto por procedimientos, trabajo en equipo, nociones elementales de seguridad y servicio, comprensión de la economía cotidiana, alfabetización digital efectiva y una introducción clara al funcionamiento institucional.

Esa formación cumple una doble función. Por un lado, vuelve útil a la persona en términos concretos. Por otro, transforma su psicología. Quien aprende a ser útil deja de verse como un consumidor permanente del sistema y empieza a reconocerse como parte activa de una estructura común. La autoestima deja de depender de validaciones simbólicas y se apoya en capacidades reales. La libertad deja de ser entendida como «hacer lo que quiero» y pasa a significar «hacer lo que puedo porque sé, porque trabajo y porque respondo».

La adultez joven no implica delegar todas las decisiones en alguien de dieciséis años como si tuviera cuarenta, sino iniciar un período en el que se aprende a cargar peso real, con supervisión y con sentido. Las sociedades no se fortalecen postergando indefinidamente la adultez; se fortalecen enseñándola, acompañándola y haciéndola vivible.

INTRODUCCIÓN DEL SERVICIO SOCIAL OBLIGATORIO (SSO)

Entre los dieciséis y los dieciocho años, todos los jóvenes adultos atraviesan un período de Servicio Social Obligatorio de dos años, cuyo nombre no es casual, porque define con precisión lo que es y, sobre todo, lo que no es: no se trata de un «servicio militar obligatorio» entendido como molde único, tampoco de un «voluntariado» concebido como gesto opcional, ni de un «programa social» presentado como beneficio, sino de un período estructural de formación cívica práctica, pensado como parte real del tránsito hacia la adultez.

Una democracia sana necesita ciudadanos que hayan tocado la realidad con las manos y que comprendan, no de forma abstracta sino corporal, lo que cuesta sostener un hospital, mantener una calle, organizar una escuela, asistir a un adulto mayor, preservar el orden, prevenir conflictos o cuidar un espacio público. Los países no colapsan únicamente por malas leyes, colapsan por una cultura extendida del «alguien se ocupa», y el Servicio Social Obligatorio existe precisamente para cortar esa lógica y mostrar, sin intermediarios, que ese «alguien» somos todos. El servicio ofrece opciones, porque la elección es una condición esencial para que la obligación no derive en resentimiento estéril. Cuando la obligación incorpora margen de decisión, el resultado suele ser aprendizaje real y, en muchos casos, vocación.

Cada joven puede elegir un área donde colaborar, dentro de un marco organizado:

- Seguridad, en roles adecuados a la edad y al marco de formación: apoyo logístico, tareas comunitarias, prevención, preparación física y cívica, comprensión de protocolos.
- Salud, en hospitales y centros: apoyo no clínico, acompañamiento, logística, asistencia a la tercera edad, cuidado comunitario.
- Educación, en apoyo escolar, bibliotecas, alfabetización, mantenimiento de infraestructura educativa, deporte escolar.
- Deportes y vida comunitaria, para promover hábitos

saludables, integración, prevención de adicciones y de violencia.

- Obras públicas, en tareas de apoyo, mantenimiento, orden, proyectos de mejora local, logística de servicios.
- Campo y producción, en apoyo a labores rurales, coordinación y tareas comunitarias de producción.

Durante esos dos años se proveen alimentación, ropa y una remuneración simbólica o incluso nula, un aspecto que suele generar resistencia en quienes parten de la idea de que toda actividad debe ser remunerada como si se tratara de un empleo convencional. La confusión es comprensible, aunque resulta peligrosa, ya que el Servicio Social Obligatorio no es empleo en sentido estricto, sino formación cívica práctica, más cercana a una inversión en el carácter que a un contrato laboral. La compensación simbólica cumple una función precisa: evita que la experiencia se perciba como «trabajo sin remuneración» entendido como explotación, pero mantiene intacto el sentido central del programa: no se ingresa al servicio social para hacer carrera económica, sino para aprender qué significa, en términos reales, sostener un país.

El objetivo es instalar de forma temprana una comprensión que en muchas sociedades llega tarde o, directamente, no llega nunca: el Estado no es una entidad mágica que produce recursos, sino una estructura que administra recursos que provienen de la comunidad. Cada cama hospitalaria, cada ambulancia, cada maestro, cada patrulla y cada obra pública tienen un coste concreto, alguien los paga y alguien los sostuvo con trabajo, con impuestos y con producción.

La experiencia del Servicio Social Obligatorio genera un

cambio que no se consigue mediante campañas ni discursos. El joven deja de mirar lo público como algo ajeno y comienza a percibirlo como una extensión de su propio esfuerzo. Ese cambio es civilizatorio: reduce el vandalismo, disminuye el abuso, atenúa la indiferencia y aumenta el respeto por el tiempo ajeno, por el trabajo ajeno y por la fragilidad de los sistemas que hacen posible la vida en común. Un país puede sobrevivir con leyes imperfectas si posee una cultura de responsabilidad, mientras que un país con leyes perfectas termina colapsando cuando su cultura es, en esencia, una cultura de irresponsabilidad.

A partir de ahí se vuelve necesario abordar la cuestión de la conciencia cívica, que no es un fenómeno sentimental, sino operativo. Consiste en entender que una sociedad funciona porque millones de personas hacen lo correcto sin necesidad de vigilancia permanente, en asumir que el orden no se decreta, sino que se sostiene, y en comprender que una comunidad no es un lugar donde se «pide», sino un espacio donde se aporta y, como consecuencia de ese aporte, se recibe.

El Servicio Social Obligatorio apunta exactamente a eso, a enseñar responsabilidades para que la libertad sea real y no un simple lema, porque la libertad sin responsabilidad se transforma en licencia para dañar, y los derechos sin obligaciones derivan en parasitismo social. El término puede incomodar, pero describe un fenómeno evidente: cuando una parte de la población vive de manera permanente del esfuerzo de otra sin un plan real de salida, la economía se debilita, la moral se corrompe y la política se degrada, ya que aparece la compra de voluntades como mecanismo de control.

El servicio combate esa mentalidad mediante experiencia directa. Quien ha trabajado en un hospital entiende que los recursos no son infinitos; quien asistió a adultos mayores comprende el coste humano de sostener sistemas; quien participó en obras públicas percibe cuánto se pierde cuando se destruye lo que es de todos, y quien colaboró en educación entiende que la disciplina no es un capricho, sino la condición misma de la enseñanza.

Muchos jóvenes descubren vocaciones, algunos permanecen en esos ámbitos por convicción, y la sociedad obtiene así un doble beneficio: formación cívica y formación laboral real, una combinación que reduce la dependencia estructural al abrir caminos de empleo útil y de servicio efectivo.

Por esa razón, la regla se formula con claridad y sin eufemismos: las decisiones políticas deben ser tomadas por quienes contribuyen activamente al sistema y no por quienes se encuentran en una situación de dependencia permanente del mismo. El criterio es duro, sí, pero se apoya en una lógica democrática más profunda, ya que el voto no puede quedar capturado por un incentivo directo que lo convierta en una herramienta de extorsión electoral. La restricción no es permanente ni excluyente: el servicio cívico existe precisamente para que toda persona pueda construir ese vínculo contributivo y acceder a la ciudadanía plena.

A la universidad se puede acceder luego de finalizado y aprobado este período. El que no quiera aceptar que una sociedad se construye entre todos, y no quiera entender el valor de servir y ser parte de algo grande, no puede acceder a ser un ciudadano 100 % desarrollado. Eso implica que no podrá votar, no podrá ir a la universidad, no podrá tener un pasaporte, no podrá sacar el carnet de conductor, no podrá abrir su propio negocio. Estas restricciones serán levantadas cuando culmine su tarea social y comprenda la importancia de esto.

Ese es, en el fondo, el objetivo del Servicio Social Obligatorio: reconstruir el vínculo entre derechos y obligaciones para que la democracia pueda sostenerse sin necesidad de «supremos», de caudillos o de salvadores. La democracia no se preserva con personas perfectas, sino con sistemas que premian lo correcto y vuelven caro lo destructivo.

CAPÍTULO 18
CAMBIAR EL SISTEMA SIN REVOLUCIÓN

Todo lo anterior puede sonar ambicioso. Lo es. Pero ambición sin secuencia es fantasía. Y este manifiesto no pretende ser una fantasía. Un error frecuente de los proyectos de reforma es querer cambiarlo todo al mismo tiempo. Eso no funciona. Los sistemas no se reemplazan de golpe: se migran. Y una migración necesita orden, porque cada paso depende del anterior. La secuencia que propongo no es arbitraria. Es una cadena de dependencias donde cada reforma habilita la siguiente.

Primer paso: identidad digital soberana. Sin saber quién es quién, nada funciona. Ni el voto, ni la moneda, ni la trazabilidad. Cada ciudadano necesita una identidad digital propia, segura, verificable y que no dependa de ningún partido ni de ningún gobierno. Esta es la base. Sin ella, todo lo demás es construir sobre arena.

Segundo paso: voto por celular. Ahora sí. Con identidad blindada y dinero trazable, el voto digital tiene infraestructura real. No es una app flotando en el aire. Es un ciudadano verificado, en un sistema verificable, tomando decisiones verificables. Se empieza a nivel local: consultas municipales, presupuestos participativos, votación de prioridades.

Tercer paso: se implementan las exigencias del nuevo contrato social. El voto como responsabilidad condicionada a la autonomía económica. La migración con reglas claras de pertenencia. El servicio cívico como puerta a la ciudadanía plena.

Cuarto paso: reorganización territorial. Con justicia unificada y dinero trazable, se puede rediseñar el mapa. Municipios funcionales de escala humana. Eliminación de la superposición provincia-nación. Asignación presupuestaria por fórmula pública. El feudalismo territorial no se desarma con un decreto: se desarma cuando ya existe una estructura alternativa que funciona mejor.

Quinto paso: reforma de la justicia. Con trazabilidad fiscal y control ciudadano funcionando, se puede avanzar en la cirugía más difícil. Unificación judicial federal. Selección meritocrática pública. Jueces anónimos. Revisión cruzada. Rotación. Todo lo que propone este manifiesto sobre justicia exige que la infraestructura digital ya esté en pie.

Sexto paso: moneda digital trazable. Con identidad resuelta, se puede mover dinero de forma rastreable. Y con dinero rastreable, se puede cobrar el Impuesto Único del 10 %, financiar salud y educación, hacer visible el gasto público y cortar la evasión. El dinero transparente es la condición de todo lo que sigue.

Séptimo paso: mecanismos de control ciudadano. Una vez que el ciudadano puede votar ideas y ver en qué se gasta su dinero, se activan los controles continuos. Voto dinámico y revocable. Trazabilidad del presupuesto. Plataforma de participación donde cada peso tiene etiqueta de origen y etiqueta de destino. El cheque en blanco se termina.

Cada paso habilita el siguiente. No se puede reformar la justicia sin trazabilidad. No se puede reorganizar el territorio sin justicia unificada.

El código que sostenga todo este sistema deberá ser abierto, público y auditable. Su revisión queda a cargo de la red de universidades técnicas, con firmas múltiples, trazabilidad total de cambios. Para actualizaciones normales: propuesta pública, revisión por múltiples universidades, período de objeciones y aprobación por firmas múltiples. Para emergencias críticas: un equipo rotativo de guardia puede aplicar un parche temporal con firma mínima de tres instituciones, pero queda automáticamente sometido a revisión completa en las setenta y dos horas siguientes. Si la revisión rechaza el parche, se revierte. Nadie tendrá llave maestra. El sistema deberá resistir no solo al político, sino también al tecnócrata.

Este no es un plan de gobierno. Es un mapa de ruta para una transición posible. No se construye de un día para otro. Pero se puede empezar mañana, con el primer paso, y avanzar sin destruir lo que hoy funciona mientras se reemplaza lo que no.

La pregunta ya no es si es posible. La tecnología existe. Las herramientas existen. La pregunta es si hay voluntad de usarlas para devolver el poder a quien siempre debió tenerlo: el ciudadano.

De los postulados a los capítulos

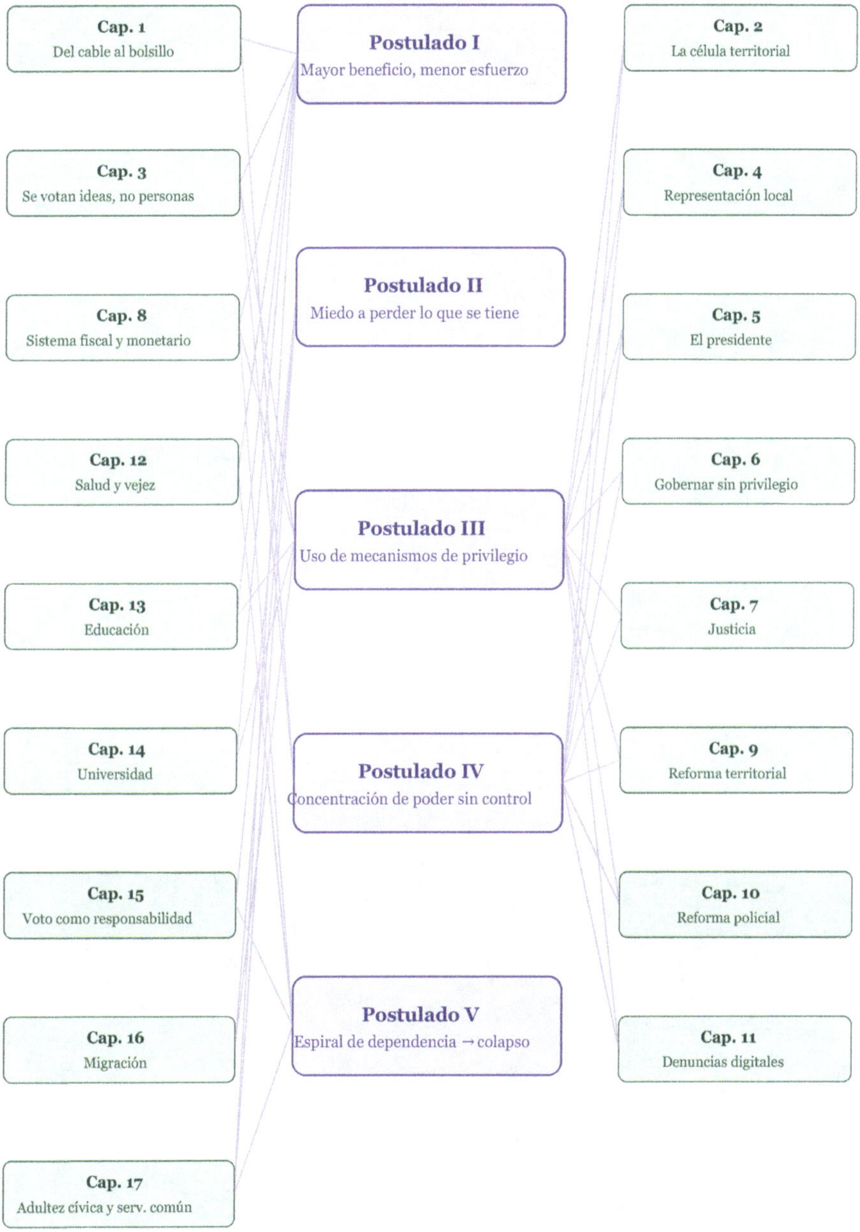

www.ingramcontent.com/pod-product-compliance
Lightning Source LLC
LaVergne TN
LVHW021130300926
849160LV00010B/942

* 9 7 9 8 8 9 5 9 3 8 2 9 4 *